CTIジャパン 著
重松延寿 作画

マンガでやさしくわかる
コーチング
Coaching

日本能率協会マネジメントセンター

JN237720

はじめに

「人が変化する」とはどういうことでしょう?

この20年にわたってコーチングが世界的に普及しています。私達は、そこには人種や国籍を超えて人の中に存在する「変化をしたい」という気持ちがあるのではないかと考えています。

そもそも「変化」というものは特別なことではありません。人がもともと成長する自然な過程であり、人は常に変化し続けているものです。コーチングはその変化を支援する手法として広がっていき、またコーチング自体も変化し続けてきました。

日本におけるコーチングは、ここ10年ぐらいでビジネスにおける管理職の必須のスキルとして広がり、多くの人の成長や変化に大きく貢献してきました。

そして、相手が答えを持っていることを信じて関わるコーチングの手法は、今までのビジネスにおける教育や指導に、革命的な進歩を起こしてきました。これは本当に素晴らしいことです。

ただ、コーチングが本来持っている可能性は、ビジネス上のスキルを超えて、人がよりよく生きるために、あらゆる場面で使えるものでもあります。

今回取り上げるコーチングは、数あるコーチングの手法の中でも「コーアクティブ・コーチング」と呼ばれるユニークなもので、その核心は、本質的な変化を呼び起こすことにあります。本質的な変化とはすなわち、意識の変化です。意識が変化することで、行動が変わり、その人の人生も大きく変化します。


本書では、意識の変化に関わるコーチングの核心をマンガという形で表現する実験的な試みをしています。

主人公は飲料会社の営業マネジャーの山吹響子。新しくマネジャーに着任した彼女がコーチングを受け、そしてコーチングを学びながら、部下や家族との関わりを通して、成長していく姿を描いています。

本書はコーチングを受けることにより成長していく主人公の変化を通じて、コーチングの基本がわかると同時に、本質的な変化を呼び起こすコーアクティブ・コーチングの本質がつかめるようになっています。

自分自身の生き方、人間関係の悩みを抱えるビジネスパーソンの方にとってのヒントになれば幸いです。解説では、実際のコーチング事例やコーチング体験談も盛り込んでいますので、コーチングを受けてみたいと興味を持たれた方にも参考になるのではないかと思います。

また、本書で取り上げるコーチングスキルは、プロのコーチだけが使用する特別なスキルではなく、読者の皆さん自身が普段の生活や仕事においても使うことができるものです。ぜひ、ビジネスやプライベートの場面で必要だと思われるところで試してみてください。

きっと、今までとは違う相手の反応や会話の展開に驚きを感じることと思います。

コーチングに関心がある方、そして人の変化に関心があるすべての方に読んでいただきたいと考えています。そして自分が一番大切なことを大事に生きることの素晴らしさを多くの方に知ってもらえることを願っています。

２０１４年３月

ＣＴＩジャパン

マンガでやさしくわかるコーチング

もくじ

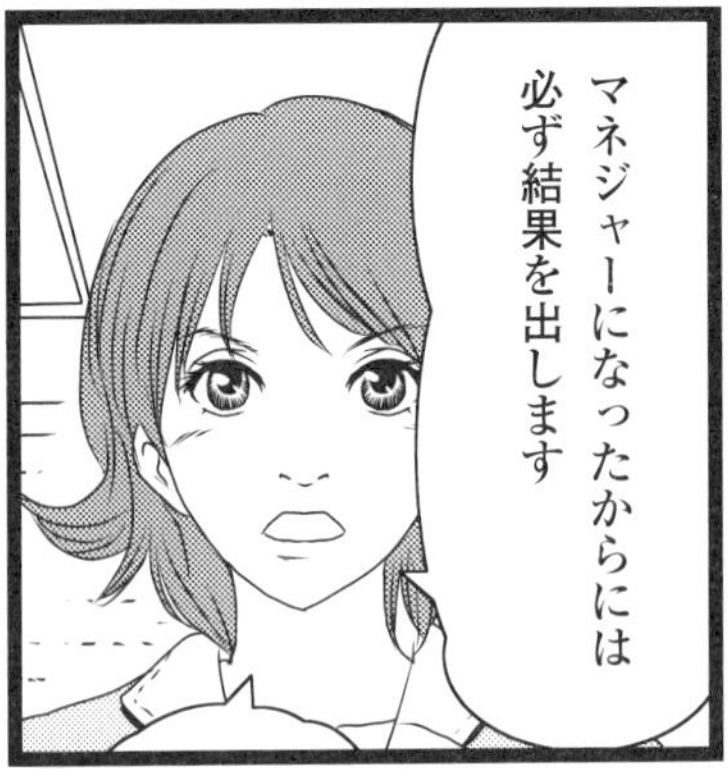

マネジャーになったからには必ず結果を出します

Part 2

相手と向き合うスタンス・NCRWとは

相手に何かしてほしいなら
何が必要か
それがわかってその男は
変われたとさ

Part 3 傾聴とは

Part 6

フルフィルメント　～自分の人生を生きる～

Part 1

コーチングって？

変わらなければ
いけないのは
いったい誰？
Story 1
山吹響子
本日付で
第三営業部への
移動を命じる
第三…
営業部？

ありえない…
ありえないありえないありえない
花形の第一営業部で
入社以来
トップ営業の座を守ってきた
それがよりによって
なんであの第三営業部？
ほんっとありえない！
マネジャーになった君には
4人の部下もつく
彼らをひっぱって
第三営業部を
盛り上げて
いってほしい
部下…
ですって⁉

今まで何でもひとりで解決してきたのに…！
第三営業部っていったらたいした売り上げもない弱小部署じゃない！
なんだって私がこんな部署のマネジャーなのよ！
マネジャーになったからには必ず結果を出します
みなさんも結果を常に意識して目標達成してください！

いいわ！だったら
営業第一部のエースだった
私が…
この部署を
変えてやるわよ！

ただいま！
あれ
今日早いね
おかえり
ごはんは？
軽く食べてきたよ
そう
ねえ 私
今日から
マネジャーになったの
昇進ってやつ！
へえ
そうなんだ
……

いいわ！
仕事は
結果よ！
結果で周りを
見返してやれば
いいんだから！
新規顧客
獲得のために
徹底的に
営業戦略を
見直しました！
私は今までも
そうやって
自分の力で
やってきた
んだから！
見てなさい！
第一営業部に
負けない成績を
残してやるわ

けれど
なぜか結果は
ついてこなかった
うそ…でしょ
全然数字が
足りない…
あんなに
プランを
練ったのよ
あれだけきっちり
管理していたはず
みんなプロジェクトの意味を
理解してますか!?

新しい層に働きかける難しさはわかってる！
でも予算未達成ってことはやるべきことをやっていない証拠よね
ですがわずかずつですけど営業成績も上向いていいます
すべてダメってわけじゃ…
上向いてる？
目標数字に届いてないのよ！危機感が足りないいんじゃないの？
……

なんで私の言うことをわかってくれないの?
私だったら!もっと短期間で結果を出してみせるのに
なぜできないの?
第一営業部
TURURURU…
はい、すぐ伺います!
部長!○○社から新規の注文いただきました!
はい!第一営業部です
ありがとうございます!
TURURURU
でも結果が出ていないのは事実
仕事は結果がすべて……
どうしたらいいの?
山吹さん!
紺野部長!

私
マネジャーに向いていないのかもしれませんね…
どうした？エースだった君らしくもない
自分だけだったら…
せっかくできた部下達も
どうやったら私の言う通り動いてくれるのか
転職…
考えようかな
ふむ
そんなに悩んでるのなら…
コーチングを受けてみるかい？
コーチング？

人材開発技法のひとつなんだけどね
よかったら僕の知っているコーチを紹介しよう
今の君の悩みを解決する手助けになるかもしれないね
いやだ…てっきり面談みたいなものをイメージしてた
ホテルのラウンジで?
いやぁお待たせしました
コーチングをしています白洲と申します
はじめまして!
……は
はじめまして…

山吹さんは
話し方に
リクエストは
ありますか？
安心して話せそうなら
フランクな話し方で
いいですよ
あ　こういった
感じで大丈夫です…
…コーチって
いうから
教えてもらう
って感じだと
思ってたけど
ほう　学生時代は
学園祭の
実行委員を…
え？　ああ　学園祭で
ライブステージを企画
したり…
ライブっていうと
アーティストを？
え　ええ
私の時は
坂井堅を
坂井堅！
カラオケで
よく歌いますよ！
ほかにも
チケット販売したり
看板を作ったり
あ　あと
こんなことも…

すごいですね
本当にいろいろと
悩みを聞いてもらって アドバイスをもらう イメージだったんだけど
こんなふうに 話してて いいのかな…
山吹さんは今までの そういった たとえば学園祭の 活動を通して どこに一番魅力を 感じてきましたか？
え そうですね…
企画をひっぱって 成功させることに やりがいを感じて いたというか…
今はやりがいは 感じていませんか？
…わかりません
でも私が 思っているように 部下がついて きてくれなくて…
どうしたら いいのか
部下が ついてきてくれない ですか
山吹さんは 部下の方に どうしてほしい んでしょうか？
私の言った 通りにしてほしい …かな

言った通りに？
あ　いえ　なんかそれも違う気がするなぁ
ゆっくり考えてもらっていいですよ
ありがとうございます
うーん
みんなもう少しいきいきと仕事をしてもらいたいですね
学園祭の時みたいに実行委員全員がひとつの目標に向かって盛り上がっていたように
自分のチームがそうだったらどんな気持ちになりますか？
それが理想ですね！

ぜひその理想をイメージしてください
みんながひとつの目標に対して盛り上がっている姿を
……
そうなったら自分も楽しいしみんなも笑顔で意気揚々としているかもしれません
もしかしたら自分の言っていることも伝わるかも
うれしそうですね山吹さん自身も最初に話し始めた時と違う表情ですね
えっそんな顔してます？
提案ですがもしよかったらその表情でこれから部下に指示を出すのはどうでしょう？
えっ！

やってみるなら「はい」やらないなら「いいえ」
逆提案で「それはやらないけど違うことをやってみる」でもいいですよ
やってみようかな
じゃあ「はい」で
ではさらに提案ですが部下の方の表情がどう変わったかを観察して
山吹さん自身の感想も教えてもらっていいですか?
部下の表情…考えたこともなかった
…はいわかりました
そのことを次回教えてください
観察…
ガタン
ゴトン
どう部下を動かすとか技術的なことを聞きたかったけど…いいのかな

新しいプランの概要を説明します
今回新しく…
部下の方達の表情を観察してみませんか?
部下達の表情…?
そんなの…
え…

いつもみんな こんな感じで 座ってたんだ…
気が抜けてる わけじゃない
…この雰囲気を 作っていたのって 私?
あの マネジャー…?
え? あ はい…
ごめんなさい
そうだ笑顔だった
笑顔で…
それでは
説明します

な
何かおかしい？
い いえ
いつもと何か
違うなって
そ そう？
そんなこと
ないわよ

みんながどう話を聞いていたか
全然見ていなかったんだ
コーチングか…
office コーチング
白州　秀仁
もう一度行ってみようかな…

01 コーチングって何だろう？

もともとは「行きたい場所」につれて行く手法

「コーチング」はもともとは馬車を表す「coach」から生まれた言葉です。馬車のように人を「行きたい場所」につれて行くための手法として、１９９０年代からアメリカを中心に広がり、現在では世界各国に広がっています。

コーチングをする人はコーチと呼ばれます。この、「コーチ」という呼び名は、特にスポーツ界でなじみのある言葉です。みなさんも「コーチ」と聞くと、真っ先に野球やサッカーなどスポーツのコーチを思い浮かべることでしょう。

このように、スポーツの世界では「コーチ」はあたりまえの名称として使われていますが、コーチングといわれるコミュニケーション手法は、ライフ・コーチング、ビジネス・コーチングなどの分野に特化して、人を支援する手法として広がっていきました。

現在は、企業の管理職達のための部下を育てるコミュニケーション手法として認識が広がっており、新任管理職研修などで数多く取り扱われています。

⇩コーチングはどのように発展してきたか

コーチングはここ10年ぐらいの間に、手法として、職業として、さまざまな形で発展してきました。コーチには、パーソナルコーチングやエグゼクティブ・コーチングを専門に行うプロもいれば、職場の中で上司として部下のマネジメントにコーチングを使う人、副業として勤務終了後にコーチとしてクライアントにコーチングを行う人、コンサルティングやカウンセリングと組み合わせて用いる人もいます。また、コーチングそのものを提供するのではなく、コーチングスキルを利用して人間関係に用いる人もおり、じつにさまざまな形態でコーチングが使われているといえます。

また、コーチングを受ける人（クライアント）も、経営者、ビジネスパーソンをはじめ、オリンピック選手、学生、芸術家、政治家、受験生、珍しいところでは刑務所の受刑者などさまざまな職種や年代へ広がっています。

コーチングの手順

02

コーチングを始めるための導入セッション

コーチングを始めるにあたっては、まず「導入セッション」と呼ばれる初回セッションを行います。**導入セッションでは、コーチングの進め方やコーチング自体について説明すると同時に、コーチングで得たいものや目標を確認し、今後コーチングを行っていくための協働関係を創っていきます。**

導入セッションについては、決まったやり方というものはありませんが、コーチによっては質問項目を事前にシートにして記入してもらったり、アセスメントツールを使用したり、今までの人生の物語をお互いに共有したりするなど、さまざまな方法で行っています。

ここでは、導入セッションでよく使用されるアセスメントツールの「人生の輪」を紹介します。

人生の輪

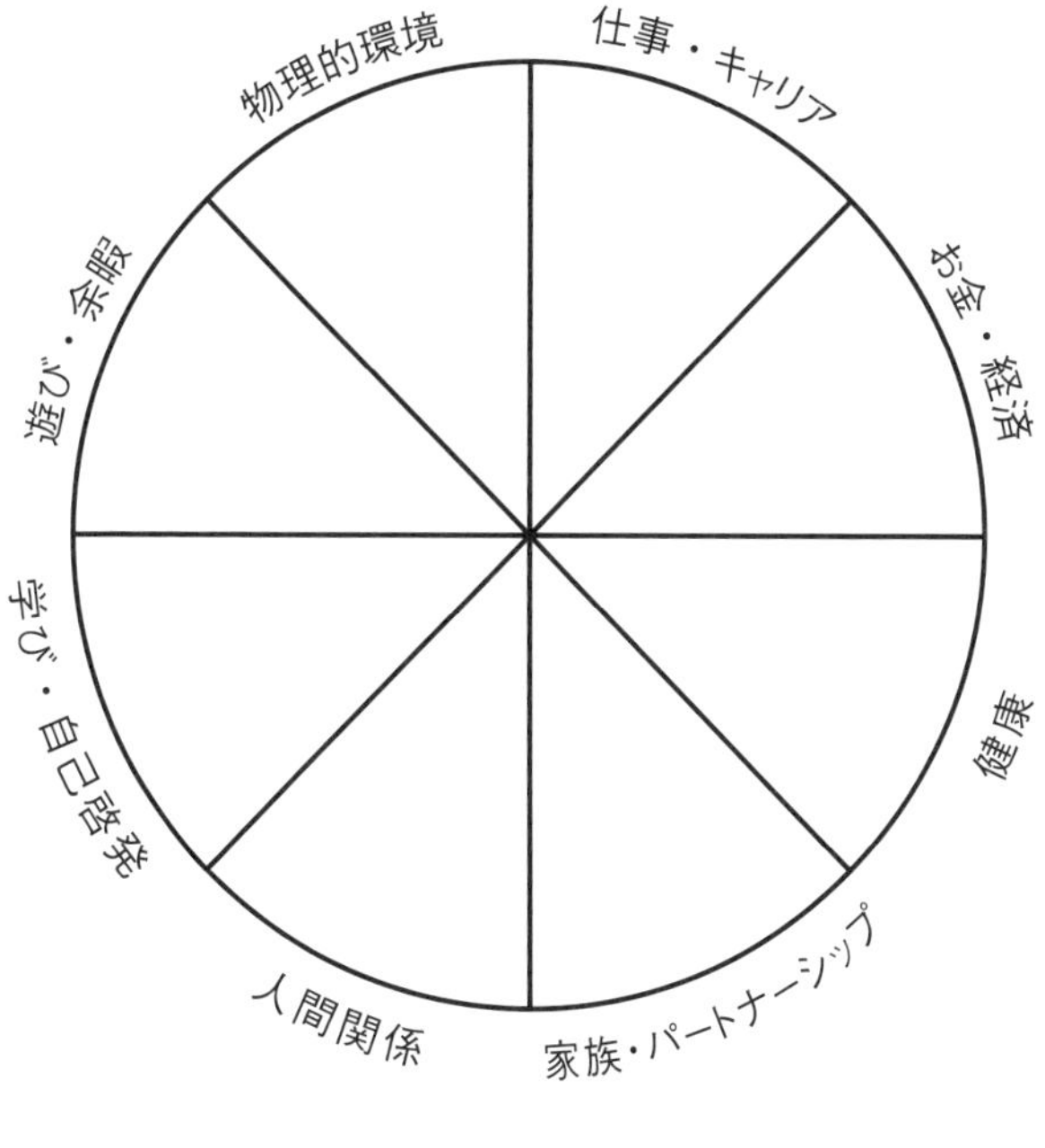

人生の輪は、自分の人生を8つの領域（仕事・キャリア、お金・経済、健康、家族・パートナーシップ、人間関係、学び・自己啓発、遊び・余暇、物理的環境）に分けたものです。自分の人生を領域ごとに見ていき、現在の満足度を10点満点で点数を付けていきます。10点はこれ以上ないぐらいに満足している状態、1点はこれより下がらないぐらい不満足な状態です。

ただし、完成した「人生の輪」を使って、すべての項目を10点にしてきれいな輪にすることや、点数が低い領域の点数を上げていくことがコーチングの目的ではありません。コーチは、クライアントの人生の満足度を「人生の輪」を通じて確認し、クライアントがそこからどんな自分になりたいか、どんな変化を起こしたいのだろうかと、クライアントに好奇心を向けていくのです。

こうした最初のセッションを通じて、クライアントはコーチングで何を得られるのかを知り、また自分自身を改めて認識し、自分自身の変化の旅のスタートを切るのです。

人生の輪の記入例

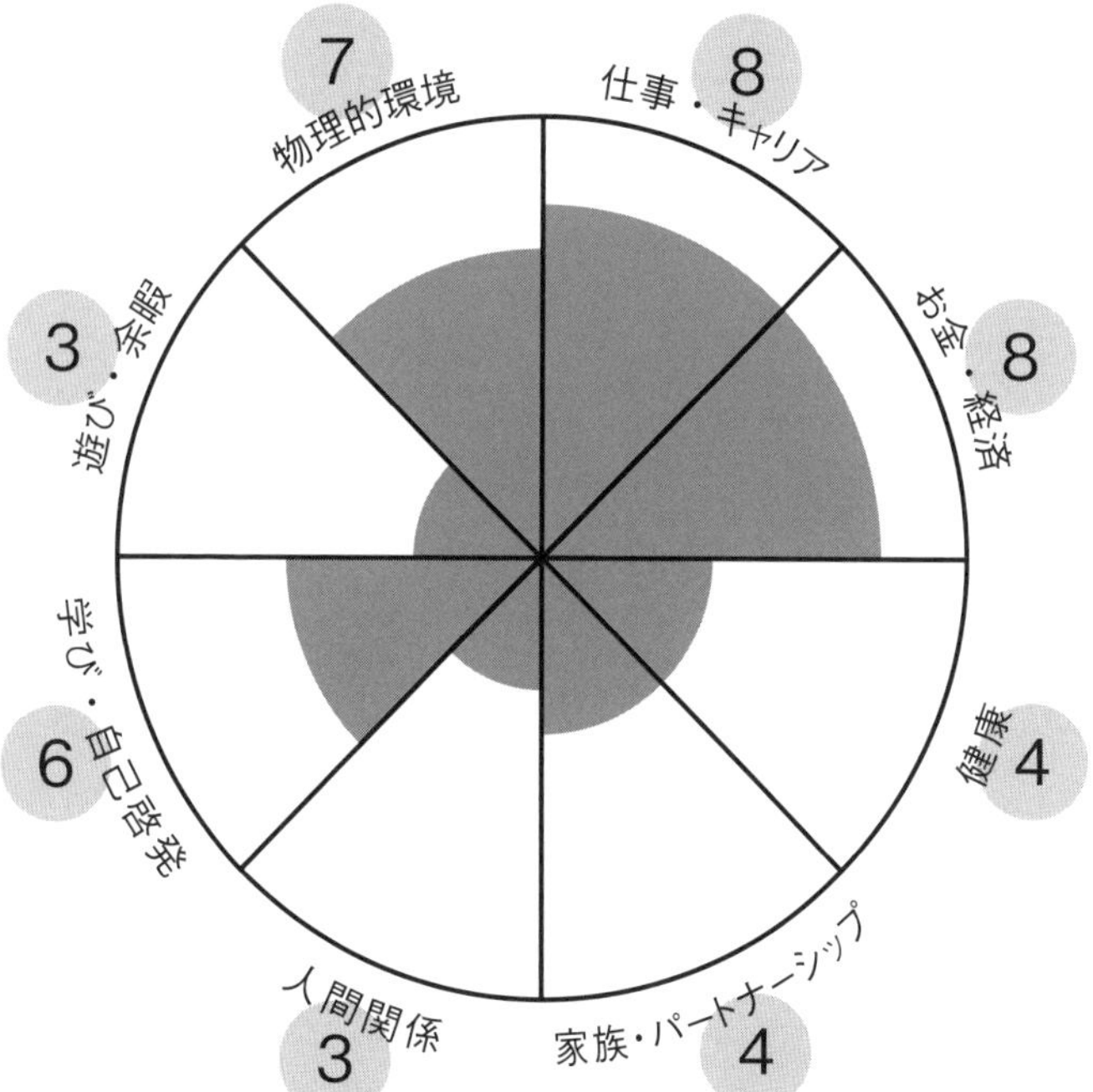

コーアクティブ・コーチングとは

03

⇩コーアクティブ・コーチングとは

今回取り上げているコーチングはさまざまなコーチングの中でも、世界23カ国に渡って広く普及しているコーアクティブ・コーチングです。

コーアクティブ・コーチングは、他のコーチングと区別して、「コーアクティブ」といった概念を特徴としています。**「コーアクティブ」とは、「協働的」という意味で、コーチングをする側（コーチ）と受ける側（クライアント）が対等なパートナーとして、クライアントが心から望むような人生を生きられるよう、お互いに力を合わせるという、その関係性にひとつの大きな特長があります。**このコーアクティブな関係性は、コーチとクライアントだけでなく、およそ世の中のあらゆる人間関係に応用できるものです。

世の中にある多くの関係がコーアクティブの対極にある「支配・依存」の関係にあります。上司と部下の関係しかり、先生と生徒の関係しかり、親と子の関係しかり。友人や同僚、あるいは配偶者同士など、一見対等に見える関係でもこの構図はいたるところに見られます。

お互いが対等だと感じられる、本音を言える関係があって初めて、日々頭を悩ませている課題を打破するような、新たなアイデアや行動が生まれてくるのです。

そのため、コーアクティブ・コーチングはビジネスだけにとどまらず、人生全般、家族、社会問題、恋愛などさまざまな分野に用いられています。

コーアクティブ・コーチング自体は、問題解決や目標達成のための手法ではありませんが、結果として問題が解決されたり、目標を達成することがよくあります。これは、コーアクティブ・コーチングが、クライアントという人そのものを一番大事にするという特徴を持つがゆえに、そのクライアントが心から望むものの現われとして、問題解決や目標達成があるということなのです。

コーアクティブモデルと4つの礎

人そのものを大事にするコーアクティブ・コーチングは、コーアクティブ・モデル（41頁参照）によって表現されます。このコーアクティブ・モデルは**「人はもともと創造力と才知にあふれ、欠けるところのない存在である」「今この瞬間から創る」「その人すべてに焦点をあてる」「本質的な変化を呼び起こす」**という4つの礎の上に成り立っています。

この4つの礎についてはPart2でくわしく説明しています。

このコーアクティブ・モデルの中心に位置する星が、コーチングの主人公にあたるクライアントになります。

星の中心にある「フルフィルメント」、「バランス」、「プロセス」が3つの指針と呼ばれるものです。これは、「より充実した人生を送りたい（フルフィルメント）」、「よりバランスのとれた人生を送りたい」、「そして人生というプロセスをより深く味わいたい」という人の根源的な3つの願いからなるものです。

この3つの指針は、コーアクティブ・コーチングの方向性を指し示すものです。コーアクティブ・コーチングでは、コーチはクライアントが持ってくるテーマから、クライアントの奥にある3つの願いを聴き取り、フルフィルメントコーチング、バランスコーチング、プロセスコーチングにハンドルを切っていくのです。

星の周りを取り囲む円が、コーチとクライアントの関係を意味する意図的な協働関係にあたります。そして、コーチは好奇心、傾聴、直感、行動と学習、自己管理からなるコーチの5つの資質からクライアントに関わっています。

コーアクティブ®・モデル

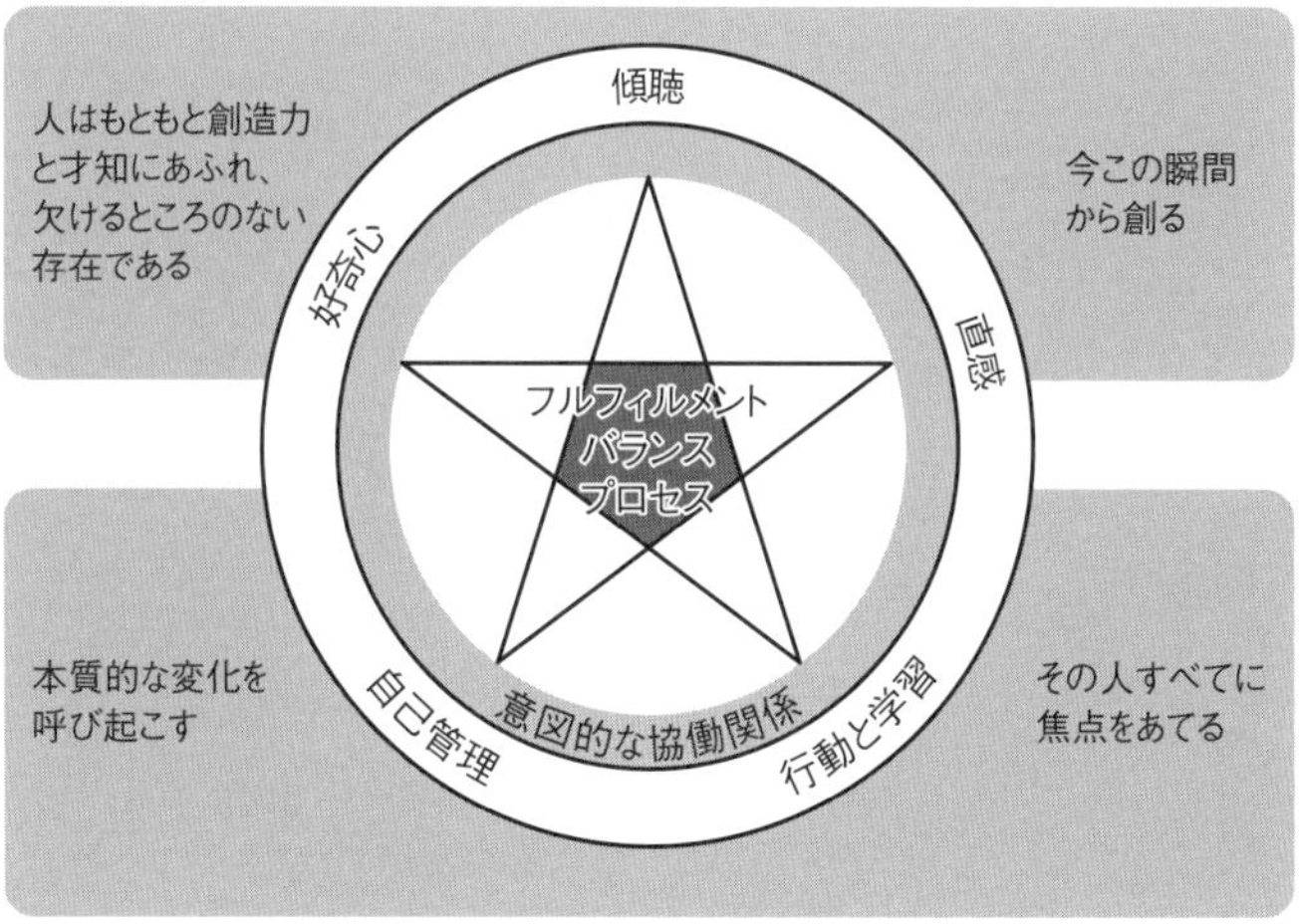
人はもともと創造力
と才知にあふれ、
欠けるところのない
存在である
今この瞬間
から創る
本質的な変化を
呼び起こす
その人すべてに
焦点をあてる
傾聴
直感
行動と学習
自己管理
好奇心
意図的な協働関係
フルフィルメント
バランス
プロセス

⇩人生の輪を使ったコーアクティブ・コーチングの例

■コーチ：「人生の輪」を書いてもらいましたが、それを俯瞰して見てみるといかがですか？

■クライアント：デコボコしていますね。そして円が思ったより小さいこともちょっと驚きです。収入は比較的多いので自分なりに満足している気がしていましたが、こうやって分けて考えると満足度が低い要素が多いですね。

■コーチ：ここから、コーチングをしていきたいと思いますが、この8つの領域の中でも特に気になる領域はありますか？　もしよかったらそこからコーチングをしてみるというのはいかがでしょうか？

■クライアント：はい、わかりました。人間関係が3になっているのが目につきます。ここをなんとかしたいですね。

■コーチ：人間関係がどのように気になるのでしょうか？

■クライアント：私は仕事の成績を上げるために、この数年間は仕事人間になっていたと思います。その結果として、高い収入を得ることができましたが、人間関係を振り返ると、職場では気を許せる同僚もいませんし、週末も仕事の疲れをとるために一日中休んで、人と会うことはなく、人間関係というものにほとんど意識をしていなかった気がします。

■コーチ：何か苦しさが伝わってきますね。

■クライアント：そうですね。表情にも出ていますか。人間関係は自分では大切なことだと思っていまして、また、仕事にも大きく関係する項目なので、３点という数字はがっかりしますね。

■コーチ：この項目をもう少し違う角度からも見ていきましょうか。では、あなたにとって人間関係が10点の状態はどんな状態でしょうか？

■クライアント：それはちょっと想像つきませんね。あえて言うなら、多くの人やお客様が自分に会うのを楽しみにしていて、仕事以外のプライベートの相談を受けたり、遊びに誘ってくれるような状態でしょうか。そのことが自分自身でも楽しく思えるような状態です。

■コーチ：表情が変わりましたね、もし、その10点の状態が実現できたら、あなたはどのような気持ちになりますか？

■**クライアント**：それは嬉しいに決まっています。本当にいいですね。人間関係がうまく回ることにより、遊び・余暇の3点も上がってきそうな気がしますね。

■**コーチ**：嬉しそうですね。

■**クライアント**：そうですね。こうやって良い循環ができるのは、毎日にハリが出てきて、仕事も精力的にできそうな気がします。

■**コーチ**：その10点に向かうために、今何かスタートするとしたらどんなことがありそうですか？

■**クライアント**：まずは、自分から動くことが大事な気がします。特に今思うのは、週末何もせずに過ごすのはもったいないということです。

■**コーチ**：具体的には、何をしますか？

■**クライアント**：週末に友人を誘って、テニスに行きたいと思います。もともとテニス部に入っていたので、久しぶりに体を動かすのと同時に、友人達に会ってみたい気がしました。

■**コーチ**：いいですね。それに加えて新たにテニスクラブに入るのはどうですか？

■**クライアント**：そんなことは考えたこともなかったです。確かにテニスクラブに入ると新たな人間関係もできますしね。それもやってみたいと思います。
■**コーチ**：では、いつ行いますか？
■**クライアント**：今日にも、大学の友人に連絡して、近所のスポーツクラブにテニスの講座があったのでそれを調べてみたいと思います。
■**コーチ**：では、その結果と行動してみてどうだったかの感想を私にメールで教えていただいてもいいですか？
■**クライアント**：はい、わかりました。

04 意図的な協働関係とは

⇩コーチとクライアントの関係性が重要

もう一度41頁の図を見てください。コーアクティブ・モデルでは、星を取り囲む大きな器として、２つの円が描かれています。これはコーチとクライアントの関係を表しています。

コーアクティブ・コーチングでは、**コーチとクライアントが対等な関係を創り出すことが、クライアントにとって最も大きな価値を得られることとして、関係性を重要視しています。**そのことを**「意図的な協働関係」**と呼び、コーチとクライアントが関係を双方で協働して創っていきます。そのため、コーチとクライアントがそれぞれ何を求めるかによって、どのような関係を創っていくかが変わってきます。たとえば、「２人がよりよい関係を築くためにどんなことを話せばいいのか」、「どんな関係がいいのか」などを率直に話し合うことで関係を築いていきます。この関係について話していくことが、コーアクティブ・コーチングの大きな特徴です。通常の仕事や家庭などの環境では、お互いの関係がどうなっているかといったような会話は普通は行われません。だからこそ、お互いの関係が今どうなっているか、より良いコーチングを行うためにどんなことを話せばいいのかをお互いで話すことが、コーチングが力を発揮するために必要なこととなっていくのです。

この自分と相手の関係そのものについて考えること自体が、コーアクティブ・コーチングの発明と呼んでもいいものだといえます。

人間関係を見える化するワーク

ここで、ひとりでもできる、お互いの関係がどうなっているかをわかりやすくする方法がありますので、試してみてください。

①両手を前に出してください。右手を自分、左手を関係がどうなっているかを考えたい相手だと思ってください。

②手を使って、相手との今の関係を表現してください。たとえば、関係が離れていると思ったら、両手の間を離してみたり、自分が下手に出ていると思えば、右手を下の位置にしてみてください。お互いがどちらを向いているかなどを、双方の方向性を手で自由に表現してください。

③今の関係がわかったら、理想の関係を同じように手で表現してみてください。

人間関係を見える化するワーク

1

手を前に出し、右手を自分、左手を相手に見立てます。

2

手の高さ、距離などで、相手と自分の位置関係を自由に表してみます。

3

次に、理想的な位置関係を表してみましょう。

よくわからない状態から協働関係を創っていく

今の関係を認識することが協働関係を創っていくスタート地点になります。現在地点も理想の状態もわからずに、相手との関係を良くしたいとか、協働したいと思っていても、自分がどこにいるかわからない地図を持って、あてもない旅をしているようなものになってしまうからです。

実際のコーチングでは、相手がどのような人か、何を大事にしている人なのかなど、あまりよくわからない状態から協働関係を創っていきます。通常、協働関係を創っていく作業は最初のコーチングセッションで行います。職場や家庭などの関係は、長い時間一緒に働くことや、食事での会話により自然と築かれていきますが、コーチングは決められた時間の中で行うので、短時間で関係を築く必要性があります。お互いが必要以上に気を使いすぎたり、本心を話せない状況では強い協働関係は創れません。

そのため、コーチは初対面や初めてコーチングを受けることに緊張しているクライアントのために、クライアントが話しやすい環境を創っていきます。コーチングをする場所をカフェやホテルのラウンジに設定してみたりするのも、クライアントが話しやすい環境を創るひとつの方法です。

そして、**クライアントとの協働関係を創るにあたって必要なコーチの関わりとして最も重要なのは、コーチが自分自身を隠さずに表現することです。**コーチングではクライアントが自分自身の状況や気持ちなどを本音で話してもらうことが必要になりますが、コーチが自分自身の本音を語らずに、クライアントだけに本音を話してもらうことを要求しても、クライアントから出てくるものは、しょせんよそ行きのコメントになってしまいます。

ここで、コーチングの協働関係を築いていくにあたって、お互いが認識するポイントをまとめてみましょう。

①協働関係を創る上で、お互いが必要な条件

②協働関係を創る上で、障害となるもの

③コーチングの成果が最大になるように2人の間ではっきりさせておくもの

また、継続的にコーチングを進めていく時には、常にお互いの関係がどうなっているかを意識しながらコーチはクライアントに関わっていきます。そのために、「何がうまくいっているか、何がうまくいっていないか」「このコーチングの関係をさらに良くするためには何が必要か」を意識する必要があります。また関係はコーチだけではなく、クライアントとともに創っていくものでもあります。そのため、クライアントにも協働関係の大事さを教育していくことも必要になります。

意図的な協働関係

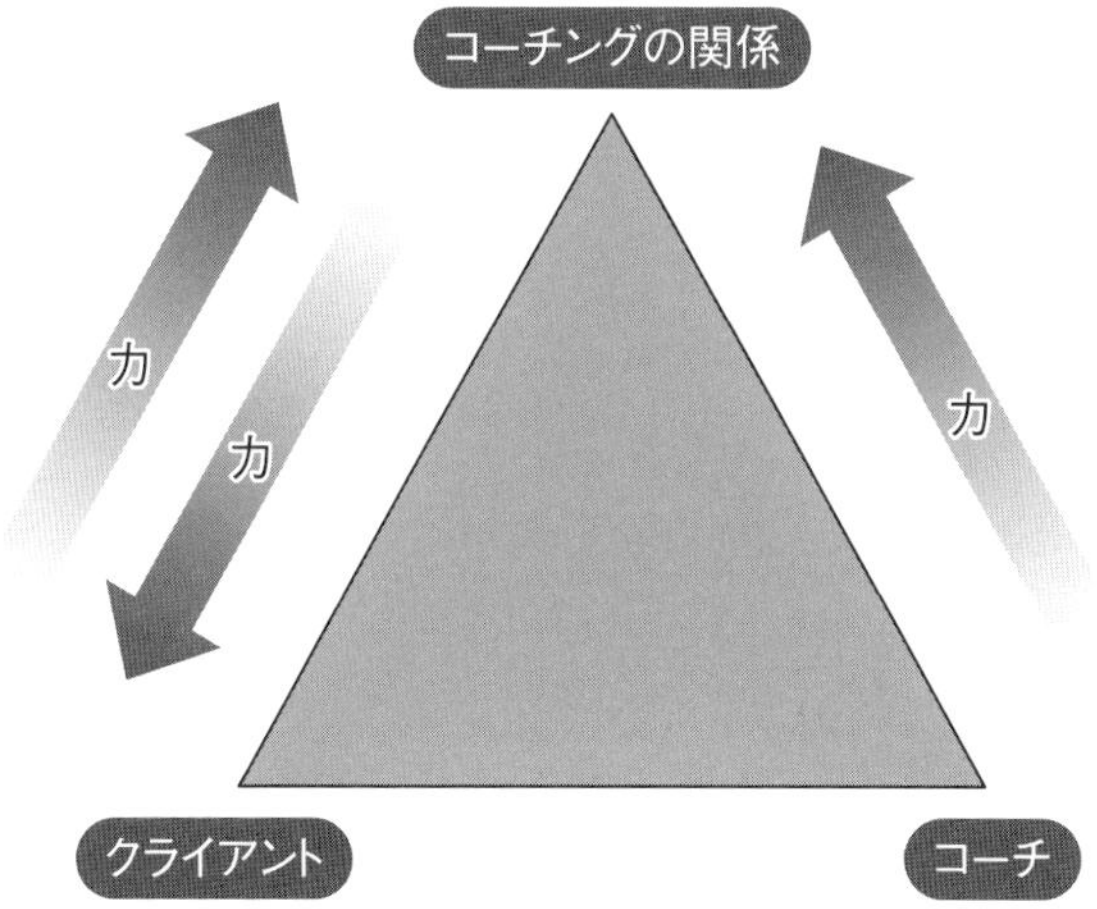

05 行動と学習

クライアントの行動促進を重視する

コーチングがコンサルティングや心理セラピーなど他のよく似た手法と異なるのは、クライアントの「行動」を重要視する点です。つまり、コーチングとは単純にいえば、クライアントがその人生において前に進むのをサポートすることなのです。だからこそ、行動を促進することはコーアクティブ・コーチングにおける主要な要素のひとつとして掲げられているわけです。人がコーチングを求めるのは、多くの場合、何かに行き詰まっていたり、人生の移行期にあったり、毎日同じことを繰り返すのに飽き飽きしているなど、何かを変えたい、何らかの形で前へ進みたいという想いがあるからです。

そういう人達にとって、コーチングというのは毎週毎週何をするかを確認しながら、ある一定期間をかけて少しずつ前へ進んでいくのをサポートするという意味で理想的な仕組みだといえるでしょう。

実際にクライアントの行動を促すスキルの代表例として**要望、挑戦、構造化、確認のス**

キルがあります。

⇩要望のスキル

「要望のスキル」とは、クライアントの主題に沿ってクライアントの行動を促すスキルです。要望は、具体的な行動の内容、行動が満たされるための条件、いつまでに行うかの期日を明確にします。この要望に対し、クライアントは以下に挙げたいずれかの方法で返答することができます。

①はい
②いいえ
③逆提案

あくまで何をどれくらい、いつまでにやるかの選択権はクライアントにあるのです。

例

「今週は、１回につき少なくとも30分間のウォーキングを、４回行ってください」
「今週中に10人に電話をかけ、クライアントになってもらえるか訊ねてください」
「今週、１日仕事を休んで自分自身をリフレッシュさせてください」

⇩挑戦のスキル

「挑戦のスキル」とは、クライアントが自ら設定した限界をはるかに超えるような要望をあえて出すことで、クライアントが自分自身の枠に気づき可能性を広げるためのスキルです。このような挑戦に直面したクライアントは、多くの場合、もともと自分が可能だと考えていたよりも大きなことを逆提案として出してきます。

たとえば、あるクライアントは、今よりも高い役職に就きたいと思っていたところ、ちょうど別の部署でその役職を募集しています。しかし彼はその役職に就くためにはあと1年準備が必要だと思っています。そこでコーチのあなたは次のように言います。

「その役職に今応募してください」

するとクライアントは次のような逆提案で答えるかもしれません。

「では、その役職に推薦してくれるよう、私の上司に会って頼みます」

要望のスキルと同様に、挑戦するのは具体的な行動、満たすべき条件、達成の期限などについてです。クライアントの答えとしては、①はい、②いいえ、③逆提案を出す、の3つが考えられます。

⇩構造化のスキル

このように、**クライアントが自ら掲げたビジョンやゴール、目標、あるいはすぐに起こさなければならないアクションを忘れないよう、つねに意識できるようにするための「構造化のスキル」もあります。**具体的には、絵や写真を飾ったり、カレンダーに書き込みをしたり、自分のボイスメールにメッセージを残したり、時計のアラームを設定するなどして、クライアント自身が自分にとって大事なことを思い出せるよう、何らかの仕組みを作ることを促します。

⇩確認のスキル

「確認のスキル」とは、**クライアントが自ら「やる」と言ったことを実際にやったかどうか、またその結果を本人の口から責任を持って説明してもらうためのスキルです。**このスキルは以下の3つの質問から成り立っています。

①「あなたは何をやりますか？」
②「それをいつまでにやりますか？」
③「その結果をどうやって私に伝えてくれますか？」

確認のスキルは相手にプレッシャーを与えたり評価したりするものではありません。むしろ、クライアントが自ら掲げたビジョンや決意に対してコミットメントできるようサポートするものです。行動をするかしないか、そしてこれから起こす行動の結果もクライアント自身の問題であることを明確にします。また、もし必要であれば内容を見直し、新しい行動を決めていきます。

⇩行動とともにそこからの学び（学習）が必要

しかしながら、とにかく行動を起こして前に進んでさえいればいいかというと必ずしもそうではありません。行動を起こした結果、そこから何を学んだのかという「学習」という要素もコーチングには欠かせないものなのです。行動と学習は、相互補完的な関係にあり、いわばセットのようなものです。どのような行動を起こしても、それを振り返ることによって次なる行動を考える上で役に立つ情報を得ることができます。

たとえば、「うまくいったことは何か?」「うまくいかなかったことは何か?」「次にやる時はどこをどう変えるか?」などと問いかけることでクライアントは学びを深めることができるのです。これを繰り返すことで、行動の「質」が高くなっていきます。

ちなみに、行動を起こさなかった場合でも同じことがいえます。たとえば、「何が障害だったのか？」「その障害を取り除くにはどうすればいいのか？」などと問いかけることで、そこでもクライアントは学びを深めることができるのです。

この時、コーチが気をつけなければならないのは、**クライアントの行動やその結果について評価的な言動をとらない**ということです。行動を起こさなかったからといって、それを責めたり、叱ったりするのはコーチの役目ではありません。**コーチはただ何が起きたのか（あるいは起きなかったのか）を確認し、その上で次はどうするのかを問うていけばいいのです。**

相手に何かしてほしいなら
何が必要か
それがわかってその男は
変われたとさ

Part 2

相手と向き合うスタンス・NCRWとは

部下を信じるって難しい
Story 2
これじゃ説得力がないわ
練り直してちょうだい
は　はい
申し訳ありません
もう一度考えてみます
そうね
部下の方達の表情を観察してみませんか？
あの…
マネジャー？
え…
ごめんなさい
なんでもないわ

office コーチング
代表 白州 秀仁
コーチング
代表 白州 秀仁
CAFE
そうですか…

今まで部下の表情なんて見てなかったと…
そうなんです
今日も部下を叱りつけてしまったんです
でも表情がやっぱり気になって
でも相手の表情が見えるようになっていますね
そのことについてはどう思いますか？
確かに今まではまったく気にしていなかったかもしれません
でもどうしたらいいんでしょう
…
そうですね

コーチはクライアントに答えやアドバイスを与える存在ではないんです
ただ「人はもともと創造力と才知にあふれ欠けるところのない存在である」と信じて山吹さんの変化を見守っているだけなんです
え……
でもそれじゃ私はどうしたら
じゃあ山吹さんもそう信じて
部下に接してみるっていうのはいかがですか？
人はもともと創造力と才知にあふれ 欠けるところのない存在…
でも…

でもあの…
ダメなところは叱ることも必要かと
そういう時こそ部下を信じてみるチャンスかもしれませんよ
やってみます…

人はもともと創造力と才知にあふれ欠けるところのない存在であると信じる…か
ガタン
ゴトン
やってみるとは言ったものの…
本当にそれだけでいいのかしら？
他人の能力をただ信頼するなんて
それでいったい何が変わるっていうの？

どうした？
また浮かない顔
をしてるね
！
紺野部長…
コーチングは
役に立ったかい？
こう言っちゃ
なんですけど
カチャ…
私はひとりで
コツコツ頑張る
タイプなので
ありがとうございます！
そんなので
大丈夫かなって…

なら　こんな男の
話をしようか
……?
自分ひとりで
何でもやろうとして
失敗した男の話さ
彼は自分では何でもできると過信し
他人の能力を信用していなかった
常に自分の考えを
押しつけるだけで
相手のことを考えていなかった
結果的に
彼についてくる人間は
だんだんいなくなってね

誰も彼の思うように
動いてくれず…
成績は伸びなかった
焦れば
焦るほど結果は
ついてこなかったよ
今の君と同じようにね
そんな時彼も
コーチングに出会った
その時に
今の言葉を
言われたんだよ
え…
人はもともと創造力と
才知にあふれ
欠けるところのない存在
であるってね

そこで彼は初めて自分のこと他人のことを考えた
周りを動かしたいなら「人はもともとできる存在」だと信じること
そうでなければあなたのために動いてくれる他人などいるだろうか…と
で　でも
だったらどうしてコーチはこうしろって言ってくれないんでしょう？

それは結局自分がどうなりたいか
本当は何がしたいかってことじゃないかな
相手に何かしてほしいなら何が必要かそれがわかってその男は変われたとさ

……その人って…
さあてと会議の時間だ
まずは相手を信用すること…か
よおし

先週の企画書を書き直しました
もう一度見てください！
うーん…改善はしてるけど…
でも…
前回よりかなりわかりやすくなってきたわね
プロセスが明確だわ
…！
あ…
ありがとうございます！

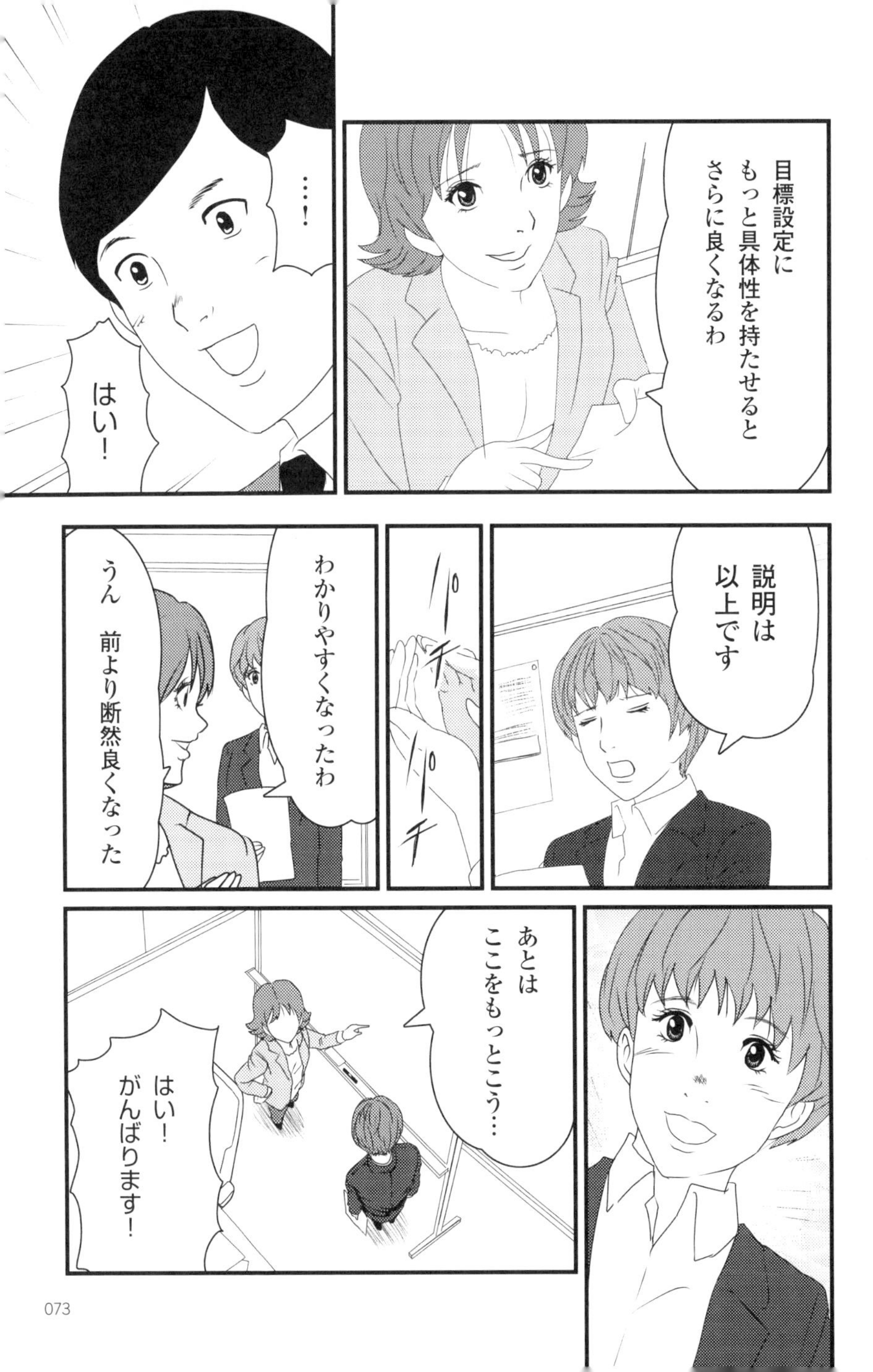

目標設定に
もっと具体性を持たせると
さらに良くなるわ
・・・！
はい！
説明は
以上です
パチ
パチ
わかりやすくなったわ
うん
前より断然良くなった
あとは
ここをもっとこう…
はい！
がんばります！

この企画はもっとこう…
そっか！
それいいですね！
やりましょう！
みんなを信じて私も信頼してもらって
初めて部下は動いてくれる
私が今まで気づけなかったのはこれか…
きっとコーチはこれを私に伝えたかったのね
どこ行くんだ赤沢
メシ

はっ
あんな企画書で
良くなってるって？
みんな仲良くお仕事
してますってか
オレは違う……

紺野部長!
私 やっとわかりました
コーチは 部下を通じて自分を見つめ直すことを促してくれたんですね
コーチは 山吹さんが必ず答えを見つけると信じていただけじゃないかな
あれ? 今の紺野部長?
え? あ はい
変わったよなー 昔はすげえ怖かったんだぞ
そうなんですか?

写真あるよ
見る？
見ます見ます
こわっ！

人の可能性を信じる

01

体験したことからのみ学ぶことができる

これまで部下にダメ出しを続けてきた響子が、コーチのアドバイスに従って、部下をまず信頼して、認めることで、チームの雰囲気がだんだんと変わってきましたね。じつは、この響子の体験こそが、コーアクティブ・コーチングの基盤となるところなのです。

みなさんは、いろいろな場面で「相手の可能性を信じるんだ」「もっと人を信じないと……」などと言われた経験はありませんか？　もちろん、これらの言葉は、誰でも頭で理解することはできるでしょう。しかし、それだけだとなかなか腑に落ちることはないはずです。なぜなら、私達は何か意図をもって試してみて、それに対する周りの反応から自分のしたこととの影響に気づいていくものだからです。これを体験学習といいます。

このように、コーチングは頭で理解するのではなく、やってみて自分で経験したことから学ぶのです。

響子は「まずは相手を信用すること……」を職場で試してみます。今までのように相手を自分の思い通りに動かそうとするのをやめ、相手の「できているところ」に目を向け、それを言葉にしていきます。すると部下は、「認められた」「自分のことを理解してくれている」と感じました。それが自信となり、さらに現状を良くしていくための行動へのエネルギーになりました。

コーチングの4つの礎

39頁でも紹介したように、コーアクティブ・コーチングでは、どんな質問をするかとか、どんな風に関わるかという「やり方」の前に、「あり方」として大事にしているスタンスがあります。それを「4つの礎」としてコーチングの土台に据えています。

①人はもともと創造力と才知にあふれ、欠けるところのない存在である

②今この瞬間から創る

③その人すべてに焦点をあてる

④本質的な変化を呼び起こす

次からひとつずつ見ていきましょう。

⇩人はもともと創造力と才知にあふれ、欠けるところのない存在である

まずひとつめは、**「人はもともと創造力と才知にあふれ、欠けるところのない存在である“People are Naturally Creative Resourceful, and Whole.＝（略してNCRW）”」**です。これは、コーアクティブ・コーチングの根本的な人間観ともいえます。まずはこのスタンスで相手を見るのです。コーチは、クライアントが「自分でどうしたいかを考えることもできるし、やりたいことを見つけることもできるし、やってみることもできるし、うまくいかない時には修正していくこともできる力を備えた存在」だと信じて関わります。

このNCRWは、たとえると「親が赤ちゃんを見つめる眼差し」といえるかもしれません。親は赤ちゃんが泣いていようと眠っていようとただただその存在を愛し、無限の可能性を信じています。もちろん、赤ちゃんはひとりでは食べることもできず、言葉での意思の疎通もできませんが、親は赤ちゃんを「何かが欠けている存在」だとは思っていません。その子の可能性を信じ、応援したいと心から願っています。そんな親の眼差しです。

このように、親が赤ちゃんを見るような感覚でクライアントを見ると、相手の言動をコントロールしようというような欲求はなくなります。

「この人は本当はどうしたいと思っているのだろう？」「どうなっていきたいのだろう？」

そんなふうに、相手の想いや願いに意識が向き、それが質問という形で出てきます。そして、NCRWを信じ切っているからこそ、たとえ今クライアントが答えを持っていないとしても、見つけていくプロセスをワクワクして待っていられるのです。

逆に、この礎がないとどうなるでしょう。

「人は壊れやすく、頼りない存在である」。コーチがこういう思いでクライアントを見るとどうでしょうか。クライアントが困っていれば助けてあげたくなるし、間違っていることを言っていると思えば正してあげたくなりますね。コーチは自分がクライアントをなんとかしてあげなくてはと、まるで壊れ物を扱うようにいつもハラハラしていなくてはなりません。

今この瞬間から創る

02

「その先」を創ることがコーチングの核心

通常私達は、対話をする時に話の落としどころを持って話す癖がついています。これは教育や仕事の中で結論のない話は良くないと教わってきたこともあるかもしれません。また、自分の知らないところに話が展開することに無意識の不安があるのかもしれません。ついつい私達は妥当な、または無難な落としどころに話を持っていきたくなります。しかし、コーアクティブ・コーチングでは落としどころを持ちません。

今この瞬間の対話からその先を創っていくのです。

私達は対話をしている時、相手の話の言葉や内容に自然と意識が向くはずです。ところが実際には、話し手は言葉以上にたくさんのことを発信しています。表情や声のトーン、醸し出す雰囲気や体の動きなど、一瞬一瞬変わっています。そして、そこには話している言葉と同じくらい大切な情報が含まれています。また言葉になったことよりも言葉にならなかったことの方に多くの情報が含まれていることもあります。

だからこそ、コーチは生の情報があふれている「今、この瞬間」に目の前にいるクライアントに集中するのです。

コーチングでは、コーチはその瞬間クライアントが発する言葉やそれ以外の情報から、どれを選択し、何を聞いていくのかを瞬時に判断していきます。そのため、コーチは常に今この瞬間のクライアントに起きていることに意識を向け続け、相手の発信するあらゆる情報を感じ続けていくのです。

また、私達は相手のことを知れば知るほど、「几帳面な人」「友達を大事にしている人」など自分の中で、その人の印象ができてきます。それはある意味で過去のクライアントを引きずりながら、今、目の前にいるクライアントに接しているようなものです。そうすると、目の前で刻々と起きているクライアントの変化に気づきにくくなってしまいます。ですから、コーチはクライアントは昨日までのクライアントとは別の人、もっというならば、1分前とも1秒前とも違う人かもしれないというぐらいの心構えで、目の前のクライアントに好奇心を持ち続ける必要があるのです。

ここで登場した**「創る」ことが、コーアクティブ・コーチングの核心です。**つまり「協力して」という意味での「コー（Co）」と、「前に進む」という意味での「アクティブ（Active）」を同時に行うことであり、合わせて**「協力して前に進む」**ことをさしています。これはダンスにたとえてみるとわかりやすいかもしれません。本当の意味でのコーアクティブな対話では、コーチがダンスをリードする時と、クライアントがダンスをリードする時と、どちらがダンスをリードし、どちらがついていっているかがはっきりしない時の3つの状態があります。これらはすべて自然な状態ですが、特に3つめのケースは滅多にない深いつながりのある状態だといえるでしょう。それはお互いに波長が合っている状態であり、お互いがとてつもなく信頼し合うことで、流れに身を委ねる意志があります。このダンスをすることで、コーチはもちろんクライアントも想像もしていないところに行くことができます。そして、それはすべてクライアントの発見や学びにつながるのです。

その人すべてに焦点をあてる

03

「解決すべき問題」に焦点をあてない

みなさんは、相手の役に立ちたいと思うあまりに、話の内容を聞きながら「解決すべき問題は何か？」に焦点をあてて聴いていることがありませんか？　これは、実はコーチングを学び始めた人が陥りやすい罠でもあります。

これは、「相手の役に立ちたい」という善意から出てくるもので、このこと自体が悪いわけではありません。しかしながら、このスタンスでいると、どんどん問題の状況が聞きたくなり、役に立ちそうな解決策を言ってあげたくなるというコーチングとはかけ離れた関わりになってしまいます。

ここで忘れてはならないのが、**「コーチがコーチングしているのは、クライアント本人であって、クライアントの抱えている問題や状況ではない」**ということです。クライアント本人とは、「問題を思考している頭」だけでできた存在ではなく、「五感を感じる身体」を持っていて、「喜怒哀楽を感じる心」があり、さらに「精神に象徴される魂」を持った存在です。そして、これらすべてが複雑に絡み合っているのです。

なかでも頭と心の葛藤は理解しやすいのではないでしょうか。たとえばあなたにも、何か問題があって、「頭ではこうするべきだとわかっていても、心がついていかない」というような経験はありませんか。これは頭と心が別個に存在していることの表れですね。さらに、身体も雄弁です。あることを考えると胃が痛くなるとか、行かなくてはならないのに足が動かないなど、身体は自分に正直に反応します。さらに、魂、これはスピリチュアルなことというより、直感に近いものかもしれません。また、自分の意思を超えて、自分のやるべきことが突然下りてきたというような話を聞いたことはありませんか？　こんな経験は魂の存在を示しているといえるでしょう。このように人は頭、心、身体、魂を併せ持ち、複雑に絡み合って作用している存在なのです。だからこそ、どれか**ひとつだけに焦点をあてて聴いていくのではなく、ソフトフォーカスですべてを見ていく**のです。

さらに、この「その人すべてに焦点をあてる」という礎でお伝えしたいことがあります。それは、**クライアントが今話しているテーマや問題が、クライアントの人生とどんな風に関係しているのか、ということにも意識を向けることが必要**だということです。クライアントが出したテーマは、その領域だけでなく、人生の他の領域にも影響が及ぶことが多いからです。たとえば、クライアントが本当にしたい仕事への転職をテーマに話し出したとします。それは、仕事という領域では大きな充実感をもたらすかもしれません。同時に、家族との関係や、余暇、収入、住む場所や健康などにも影響を与える可能性があることに意識を向けておかなくてはなりません。

また、たとえば職場での人間関係で、嫌なことがあっても我慢してしまうという自分の癖について話したとしたら、それは家族や地域など、他の人間関係でも同じことが起きている可能性も意識しておく必要があります。コーアクティブ・コーチングでは、コーチはその人すべて、あるいはその人の人生全体を含む範囲を意識してクライアントに関わる必要があるのです。

04
本質的な変化を呼び起こす

すべての生命に起こる自然な進化のプロセス

「本質的な変化を呼び起こす」

字面を見たり、声に出して聞いてみると、大変力強い言葉ですね。この言葉の印象から、何かしら、クライアントに積極的に働きかけることをイメージするかもしれませんが、決してそうではありません。「本質的な変化」とは、人に——いえ人だけではありません、すべての生命に起こる自然な進化のプロセスです。

ひとつ例を挙げてみましょう。

どんぐりを思い出してください。どんぐりは、しかるべき時期が来たら芽を出し、根を生やし、地上に幹を伸ばしていきます。そしてどんどん幹が伸びて、光合成をするために葉を広げていきます。花を咲かせて、またどんぐりの実をつけて、子孫を作ろうとします。どんぐりは、あの小さい実の中に、樫の木になる資質をすべて持っているのです。どんぐりから樫の大木になるそのプロセスが、本質的な変化の連続なのです。人間も同じように、クライアントが今は想像もできない自分になっていく可能性に満ちていて、そのきっかけは今の気づきにあり得るのです。

⇩枝葉を見て根に意識を向ける

コーチがクライアントとセッションをする時に、２人で共有している目的があります。それは、クライアントの充実した人生です。クライアントがセッションに持ってくるテーマは「５ｋｇ体重を減らしたい」とか「転職したい」という目前に迫った現実的な問題がほとんどです。ただし、そこでコーチがやることは、体重を減らすためにダイエットプログラムを一緒に作るとか、転職のための履歴書の内容を一緒に考えることではありません。

クライアントが持ってくるテーマは、本人にとっては重要ですが、クライアントの人生全体から見ると枝葉のことも多くあります。そんな時に、コーチはその枝葉だけを見てクライアントに関わるのではなく、クライアントの葉から枝、枝から幹、そして根っこにまで意識を向けていきます。

たとえば「５ｋｇ体重を減らしたい」というのがテーマなら、クライアントが人生でこのことから得るものは何だろうということに意識を向けています。「５ｋｇ体重が減ったらどんな生活になっているのか」「クライアントにとって体の調子がいいとはどういうことか」「どんな身体・体調でこれからの人生を送りたいと思っているのか」に好奇心を向けて聴いていきます。

クライアントは、そのテーマについて話し始めた時はそんなことまで思っていなかったとしても、問われることで自分の身体との付き合い方を考え始め、どうしていきたいのかをイメージします。そして、「こうありたい！」という自分なりのイメージが浮かんでくることになります。これが大切なのです。これが意識レベルの変化です。これが自分でしっかりとイメージできたら、そのためにすることは、もしかしたら夕食の量を減らすことかもしれませんし、運動量を増やすことかもしれません。しかし、それはクライアントにとってはｔｏｄｏリストのチェック項目以上の意味を持っていますし、何よりモチベーションが違います。「５ｋｇ体重を減らす」という目標の奥にある「何のために体重を減らしたいのか」が明確なので、たとえ上手く行かなくても、やり方を修正しながら目標に向かい続ける力が持続するのです。**本質的な変化とはこのように意識レベルの変化であり、一度気づくとそれ以前の状態には戻れないものなのです。**

⇩本質的な変化と段階的な変化

この「本質的な変化」との比較で使われる言葉に「段階的な変化」があります。これは世の中にあふれています。会社なら売上目標前年比105%とか、TOEICが650点だったので次は700点など、階段状の具体的で計測可能な変化です。私達は、こういう目標を持って行動してきましたし、成長もしてきました。これが悪いわけではありません。ただ、コーチが見るべきものは、その数字や目標を達成した時のクライアントの人生の変化なのです。

このような想いから、「本質的な変化を呼び起こす」をコーチングの4つめの礎に据えています。

「呼び起こす」という言葉も特徴的です。これは何かを「させる」とか「してやる」というものではなく、クライアントが自分で「本質的な変化をする」意図を持ち、それに関わり続けるコーチの決意を示しているのです。

できているところに意識を向ける（認知）

05

コーチングの「認知」は「ほめる」ことではない

人は他人から自分のことをしっかりと認めてもらうと、大きな自信につながります。そして、それは「より良くなろう」とする原動力になります。これが認知をされた側に起きることです。

72頁の内容を思い出してください。響子は「部下を信用すること」にトライしました。ついつい欠点が目につき指摘したくなるところで、できているところに意識を向けることで「前回よりかなりわかりやすくなってきたわね。プロセスが明確だわ」と言葉にしていきましたね。響子は「信用すること」を意識し始めたところなので、まずは目に見える行為に焦点をあてて、できているところを伝えていきました。何に意識を向けていくかという意味では大きな変化です。

本来、コーチングでいう認知は、「ほめる」とは異なります。クライアントの行為や結果を「ほめる」のではなく、その人の内なる特性を認め、言葉にするものです。**その人が何をしたかではなく、その人がどんな人なのかに焦点をあてます。**たとえば、72～73頁の響子と部下との対話の場面なら「プロセスを明確にしようとするあなたの意志が感じられる」とか「よりよくしようと真摯に向き合う姿勢が伝わってくる」のように、行為の奥にあるその人の想いやその人らしさを感じ取り、言葉にしていくのです。

認知はなぜ重要なのか？

認知する力は、コーチの基本的な資質に加えてもいいくらい重要な能力です。なぜなら、コーチはクライアントが本質的な変化をしていく存在として見続け、目の前のクライアントが、今どんな変化を望んでいるのかに意識を向けている必要があるからです。コーチの認知の言葉で、クライアントが自分では気づいていない自分らしさをも自覚できることで、本質的な変化のプロセスを経験していけるのです。

さらに、認知のパワフルな点がもうひとつあります。認知をされると、クライアントは自分のありのままを認められ、「このままでいいんだ」という安心感を得ることができるということです。ありのままでいることを許されたその安心で安全な場をコーチングで創ることができるからこそ、クライアントはさらなる自分の未知の領域を探求していくことができ、表面的ではない本来の願いからの言葉や行動が出てくるのです。ここが「ほめる」との違いです。行為や結果ばかりをほめていると、無意識のうちに「次もまた同じ結果を出さなければほめてもらえない。」というプレッシャーがかかります。無自覚かもしれませんが、相手の期待する結果を出すことを目標にしてしまい、本来自分がどうしたいかが置き去りにされてしまう可能性があります。

また、ほめる人が変わるとほめる評価基準も変わるため、常にほめてくれる人の顔色を見るようになってしまいます。これを繰り返しているうちに、自分本来の願いから行動するのではなく、他人の評価を求めて行動を起こすようになってしまうのです。

Part 3

傾聴とは

「聴く」ことで何が変わるの？
Story 3
ねぇ　今日私　コーチングのセミナーに行ってくるね
うん
……

仲が悪いわけじゃないのよね
ゴゴォアアア
ただ最近会話が少ない気が
ガタン
お互い忙しくて仕方ないんだけど
昔からこうだった?
やっぱりもっとたくさん会話してた気がするなぁ
ガタン
ゴトン
ガタン
ゴトン

コーチングと出会って
もう少しコーチングに
ついて知ってみたく
なった
自分の中でも
何かが変わっていく
感じがする
でも　何が？
今日はわかるかしら？
さて…コーチングにおける
コミュニケーションスキルの
ひとつに
傾聴が挙げられます

単なる「聞く」との違いは
より深く丁寧に耳を傾けるところにあります
相手が自分自身の理解を深め納得のいく判断や結論にたどり着けるようサポートします
聴く技術ね仕事でも使えるわね
傾聴には3つのレベルがあります
傾聴
レベル1 内的傾聴
レベル2 集中的傾聴
レベル3 全方位的傾聴
レベル1 内的傾聴
レベル2 集中的傾聴
レベル3 全方位的傾聴

まずレベル1の内的傾聴ですが
これは自分自身の声を聴くということです
話を聴いているつもりだけど
話を聴けていない状態といったらわかりやすいでしょうか
たとえば相手が話をしている時に次の質問を考えたり
長い…
話が長いななんて思ったり…
他にもメールを書いている時に話しかけられても
ふんふんと言いながらあまり聴いていない状態これがレベル1です

レベル1は コーチングでいうと クライアントが 自分の気持ちや 考えていることに 集中する状態で むしろクライアントに 必要な傾聴です
レベル1 内的傾聴
レベル2 集中的傾聴
レベル3 全方位的傾聴
ですがコーチに 必要なのは レベル2 3です
レベル2は集中的傾聴
つまりこれは相手に 集中している聴き方です
な なんですか？
これくらいの距離で 相手の話を聴くと
手の動きやしぐさ 声のトーンなど さまざま見えてきます

皆さん 試しにレベル2で 私の話を聴いて みてください
レベル1 内的傾聴
レベル2 集中的傾
レベル3 全方位的傾
じ〜〜〜っ
ちょ ちょっと 表情が怖く なっていますよ
そう いい感じです
どんなことが聴こえたり 見えたりしましたか？
手が結構動いてますね
あと 瞬きが けっこう多いことに 気づきました
いい感じです

では
レベル3の傾聴も
やってみましょう
レベル2 集中的傾聴
レベル3 全方位的傾聴
レベル3は
全方位的傾聴です
今ぐっと相手に
集中していた意識を
ふわっと広げて
相手をソフトフォーカスで
見るようにしてください
その人だけでなく
その人を中心に部屋全体に
意識を向けてください
ぼやっと見るような感じでしょうか
いいですね…ではそのまま
また私の話を聴いてみてください

どうですか？
どんなことを感じますか？
表情や雰囲気が見えてきます
嬉しそうに話したり何か雰囲気が和らいでいるような…
そうです　その「何か」という感覚です
空気を読むという言葉がありますがその感覚です
そうやって聴いているとクライアントの細かな変化に意識が向くようになります

以上が傾聴の3つのスキルです
相手が話したいこと伝えたいことを受容的・共感的な態度で真摯に聴くスキル
話し手が聴き手に好意を持つようになれば話し手の意見や気持ちも聴き入れてもらいやすい関係
つまり良い人間関係を築くことができるのです
相手の話をどう聴くかで人間関係が変わる…
これはすべてのコミュニケーションで重要なことね…

ただいま！
おかえり
……
そうだ…
さっそく今日教わったことを
やってみよう

ねぇ　最近仕事はどう？
え？
ああ　ああ
うん…順調だよ
えっと…この場合必要なのは
相手に意識を集中する「集中的傾聴」だわ
相手の状態表情などにも集中する
……！

ねえ…最近ちょっと疲れてない？大丈夫？
……
な　なんで？
そんなことないけど
いや　なんとなく
もしかして何かあった？
……
じつはさ西野っていたじゃんバーベキュー一緒に行った
あいつ今度会社辞めるんだ

え…りっくんとすごく
仲良かった西野くん？
そうなんだ
社内でいい相談相手
だったんだけどね
知らなかった
それで最近ちょっと
元気がなかったの？
今までどうして
そんなことも
気づいてあげられなかった
んだろう
あいつ何て言った
と思う？
何だろう？
何だか最近こんな会話
なかったな…

あははっ
コーチングのスキルがまず必要なのは私達2人の関係だったのかもしれないなあ
それでさ！

いっぽうその頃
太陽飲料株式会社
オフィス
TURURURU…!
TURURURU…!
営業統括部
TURURURU…!
カチャッ…
えっ!
そ それは

01 傾聴とは

人の話は、案外「聴いていない」

コーチングに興味を持った響子は、コーチングの研修に参加して傾聴の基本を学びました。そこで実際に家でそのスキルを試してみたところ、夫の律也が普段とは打って変わって悩みを語り始め、驚いています。

このように、日常生活では、人の話を案外聴いていないことが多いものです。これは自分の話を聴いてもらった体験を思い出すといいでしょう。

自分の話を完全に聴いてもらったという体験は、日常どれぐらいあるでしょうか。実際には、相手に話の途中で言い返されたりとか、相手が何か他のことをしながら聞いているなど、完全に聴いてもらえないことのほうが多いでしょう。

コーチングの傾聴は、深いレベルで人の話を聴くことに特徴があります。

深いレベルの傾聴では、話をしている人は、聴き手が自分に全神経を向けて、話している自分の話を聴いていると感じます。そして、遮られることもなく、意見を言われるでもなく、安心して自分が話せる環境にいることを感じます。

自分が話す言葉のひとつひとつに興味を示し、心から共感してくれる聴き手がいたら、どんな気持ちになるでしょうか。おそらくそれはこの上なく心地良い体験になるでしょう。

深いレベルの傾聴は、話し手が考えていることに加え、普段思ってもいない深い意識にある想いまで話ができる、インフラのような「土台」を創っていくものでもあります。

⇩傾聴の資質はトレーニング次第で伸ばせる

人の話を聴くということ、つまり傾聴は、個人差がありますが誰もが持っている資質です。そして、それは**訓練次第で伸ばしていくことができるひとつの能力のようなものでもあります。**

たとえるとスポーツのトレーニングのようなものだといえます。

水泳を例に考えてみましょう。

人はもともと水に浮くので、泳げる資質を持っています。ところが、ごく自然に泳げる人を除くと、なかなか最初から泳げるという人は多くありません。そこで水泳教室などに通い、クロールや平泳ぎを習い、何度も反復練習をしていると、泳ぐ能力が自然と伸びてきます。さらに、はじめは正しい手の回転、バタ足などを意識して行っているはずですが、何度も練習するにつれて、意識しなくても自然に手の回転やバタ足ができるようになり、ついには自然にクロールができるようになるはずです。

これと同じように傾聴も、最初は深いレベルで聴くということが難しいかもしれませんが、何度も試すことにより、自然に深いレベルでの傾聴ができるようになっていきます。

⇩すべての感覚を使って情報を受け取る

傾聴とは直感を含んだすべての感覚を使って情報を受け取るということを意味します。普段私達は人と会話をする時に、言葉そのものの意味に加えてそれ以外の情報も数多く受け取っています。相手の表情、雰囲気、感情、その場の雰囲気などです。

たとえば、喫茶店で友人から何か大事な相談を受けていると想像してみてください。もしかすると相手はいつもの声とは違っていて、真剣で慌てていて早口になり、いつもより汗をかいているかもしれません。おそらくその他にも言葉の意味以外の情報を感じ取れるかもしれません。

逆に結婚や就職などの喜びの報告を受けるとなると、相手の雰囲気から、先ほどとは違った感覚を受け取ることができると思います。陽気な表情、自信にあふれている声、いつも違うボディランゲージだったりするかもしれません。このように、人は言葉の意味以

傾聴の3つのレベル

レベル1：内的傾聴
レベル2：集中的傾聴
レベル3：全方位的傾聴

外の情報も同時に多く受け取っているのです。

コーアクティブ・コーチングでは、傾聴には「内的傾聴」「集中的傾聴」「全方位的傾聴」の3つのレベルがあります。これらのレベルを理解することにより、より深く、広がりある聴き方ができるようになります。

02

レベル1 内的傾聴

⇩自分自身に意識を向けた聴き方

レベル1の内的傾聴は、**自分自身に意識を向けた聴き方**です。自分自身に意識を向けるということは、相手ではなく自分の思考や気持ちなどに意識が向いている状態です。

たとえば、職場で上司の話を目の前で聞いてはいるものの、実際には次に自分が話すことを考えていたり、「話が長い」などと思っていたり、他の仕事のことが気になったりすることはありませんか？

聴いているようで聴いていないという状態、これがレベル1の傾聴です。

これは、〝聴いている〟とはいえない聴き方ですが、実際のほとんどの会話や生活に至るまで、多くの人は日常的にレベル1の傾聴の状態にあります。

夕食のメニューを考えたり、メールを書いていたり、イライラしていたり、逆に喜んでいたりすることもレベル1の傾聴です。

ただし、レベル1の傾聴が必ずしも悪い状態というわけではありません。レベル1が適している状況もあります。コーチングの場面では、クライアントの傾聴の状態は実はレベル1が望ましいのです。これは、コーチの関わりによって、自分自身に深く意識が向いている状態です。自分は何を大事にしているのだろうか、何を達成したいのだろうかなど、深く自分に意識が向いている状態です。

さきほども紹介したように、日常生活では、私達はしばしばレベル1の傾聴を使っています。たとえば、食事の場面ではレベル1がわかりやすく現れます。

今日のランチに何を食べよう、誰と食べようと考えたり、メニューを見ながら、ダイエット中ならカロリーが低いものを選んだり、健康的なオーガニックの食事や昨日とは違ったメニューを考えたりします。これらはレベル1の状態でないとできないことです。人は何か考え行動をする時には、レベル1になり、そこから行動に繋がっていきます。

⇩体を使ってレベル1の傾聴を体験する

では、実際にレベル1の傾聴を試してみましょう。傾聴は体を使うと、よりわかりやすくなります。ちょうど「前へならえ」のように両手を自分の胸のあたりに上げてみて、目を閉じて指先を自分の胸に向けてみてください（内側に腕を曲げる要領で）。この指先が自分の意識が向いている方向だと思って、自分自身に意識を向けるようにしてみてくださ

レベル１の傾聴を体感する

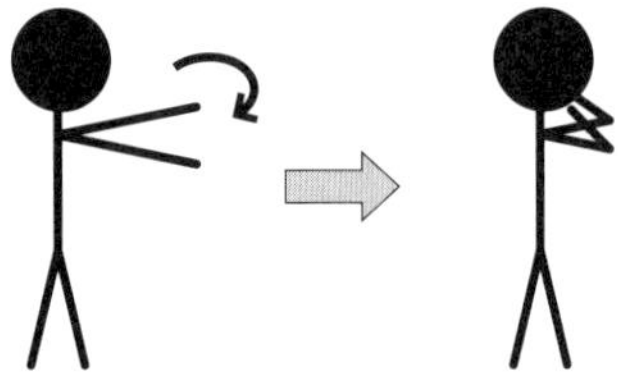

前ならえのように腕を前に出し、そのまま
自分に向かって折り曲げる。

い。自分が今何を考えているのか、どんな気持ちになっているのか、何を思っているかを見てみましょう。ゆっくりと。

お腹がすいた、眠い、安らいでいるなど、どんなことでもかまいません。何か浮かんできた方は、レベル1の傾聴に入っている状態です。

何も思いつかない、これでいいのかなと思った方も、それも素晴らしいレベル1の傾聴です。エクセレント！

⇩レベル1の傾聴の例

■クライアント：部署を異動したため、最近仕事の量が急激に増えてきて、会社で仕事が終わらずに、仕事を自宅に持ち帰り、作業しています。何か仕事とプライベートの境がなく、家族にも不満を言われている状態です。

■コーチ：それは、よくあることですよ。私も仕事が多い時には、よく自宅に持ち帰って仕事をしていました。今思えば、あれぐらい仕事をしたから、仕事の知識やスキルがついてきた気がします。

■クライアント：そうですね。自分から望んで異動した部署なので、私もそのように考えようとしていますが、ここまで仕事量が多いとは想像もつかなかったので、正直異動は間違いだったかもしれないと思ったりしていました。

■コーチ：新しい仕事とはそういうものですよ。自分が新しい仕事をする時は、まずはどんな仕事があるかを把握するところから始めました。そして、仕事が大変な時は、どうやったら仕事を早く終えられるということをいつも考えていました。そうして考えていくと、自分の経験を増やすのが一番の近道だという結論に達しました。だからあなたもここはぐっとこらえて、いつか楽になると思って今に集中してください。

■**クライアント**：そうですね。我慢が大事ですね。

このケースでは、コーチは明らかにレベル1の傾聴でクライアントの話を聴いています。意識はかなりの部分、コーチ自身の考えに向いています。コーチが話したいことに意識が向いていて、実際にコーチの意見や経験談を伝えています。

ここで誤解がないようにしていただきたいのですが、経験がある人が自分の経験を伝えたりすることが必要な場面ももちろんあります。ただし、ここでは傾聴の意識がどこに向いているかに焦点をあてています。コーチの意識はクライアント自身には向いていません。クライアントのためにと思って、コーチ自身の経験談を伝えてはいますが、傾聴の意識自体はクライアントの状況やその問題をどのようにコーチ自身が解決したかに向いているのです。

⇩話をしている相手に与える影響とは

さらに、**傾聴のレベル1は話している相手にも大きな影響を与えます。**通常レベル1の傾聴で話を聴かれていると、クライアントは「聴いてもらっている感」がありません。コーチが話を聴きながら、自分のことを考えているわけですから、クライアントからすると、深く聴いてもらっているという印象にならないのは当然のことです。

また、自分自身が日常で話をしている時に、相手が傾聴のレベル1で話を聴いていることを想像してみてください。

おそらく良い心地がしないのではないでしょうか、それが続くと、「この人は私の話をどうせ聴いていないから、話すのは無駄だ」と思ったり、「自分の経験談を語られて説教されるだけだから、話をするのはやめておこう」などと思ったりするかもしれません。

コーチングの場面でいうと、クライアントがコーチの話す内容に集中してしまい、自分自身の思いや考えに意識が向かわないようになります。これは良い状態ではありません。

03 レベル2 集中的傾聴

⇩ 相手に意識を集中した聴き方

レベル2は集中的傾聴です。これは、**文字通り相手に意識が集中している傾聴**です。これは、相手が発するすべての言葉、そのニュアンスや仕草をどれひとつとして逃すまいという心意気で聴いている状態です。たとえば、病気の赤ちゃんを腕に抱えた母親や、公園のベンチに腰掛けてお互いを見つめ合う若い恋人同士などは、レベル2の傾聴の状態にあります。つまり、**周りで起きていることなどはどうでもいいかのように、すべての神経が目の前にいる相手に注がれている状態です。**

コーチングではクライアントはレベル1でいて、コーチがレベル2の傾聴になります。このレベル2でいると、たとえば、クライアントが「転職をしたい」と言ったとしても、本当にその言葉が心から望んでいることなのか否かが表情や声のトーンなどから感じ取れるようになってきます。心から望んでいることならば声のトーンが高くなったり、表情が和らいだり、興奮したりするものでしょう。もしも反対に、重い声や表情が厳しいものになったりした場合は、コーチはレベル2の傾聴で感じたものを鏡のように伝えます。

たとえば、「転職をしたいと言葉では言っていますが、何か表情が重くなっていますね」などと伝えてみます。クライアントは自分の言葉をどのような状態で話しているかをコーチに伝えられることにより、自分の本当の思いに気づくきっかけになるのです。

⇩体を使ってレベル2の傾聴を体験する

それでは、レベル1と同様にレベル2の傾聴も体を使って試してみましょう。これはひとりではできないので、誰かに協力してもらって行ってください。

まずは、相手に何か最近気になることを話してもらってください。どんな内容でもOKです。そしてあなたは手を胸のあたりに上げ、手のひらを「前にならえ」の状態にして、相手にぐっと手を伸ばしてください。徐々に手を狭めて相手の顔しか見えないようにしてください。少し前のめりになるとよいでしょう。そうして相手の表情を30秒見続けてください。

何だか恥ずかしくなってきた人や「このやり方で合っているのかな」と思った人は意識が自分に向かっているレベル1の状態です。その思いを横に置いて、相手に集中してみましょう。

レベル２の傾聴を体感する

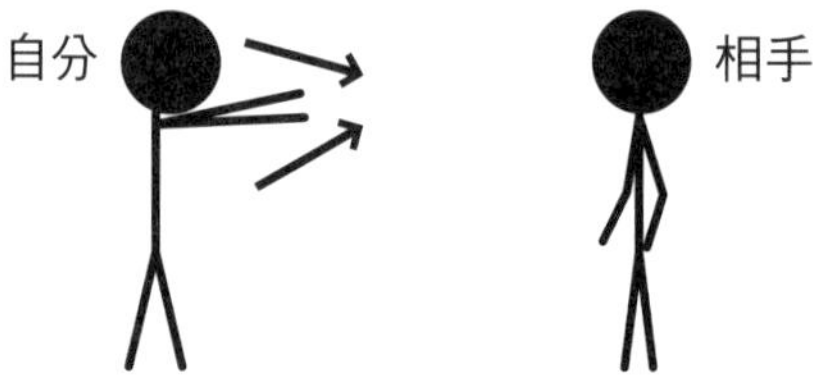

前ならえのポーズから徐々に両手の間隔を狭めて相手の顔だけが見えるように。

レベル２でいると、今までとは違った情報が入ってくると思います。たとえば相手の表情の変化、身振り手振り、髪型、声のトーンなど今までとは違った何かが見えてきたのではないでしょうか。

ここで、たとえば髪型を見て、「ちょっと髪を切ったほうがいいのに」と思ってしまうようなら、またレベル１の状態です。レベル１になっていることに気づいたら、またレベル２に意識を向けてみてください。

そうです。それがレベル２の傾聴です。おそらく、目の前の相手しか見えない状況になっているはずです。

⇩レベル2の傾聴の例

■クライアント：部署を移動したため、最近仕事の量が急激に増えてきて、会社で仕事が終わらずに、仕事を自宅に持ち帰り、作業しています。何か仕事とプライベートの境がなく、家族にも不満を言われている状態なのです。

■コーチ：仕事のことに対して、かなり不満を持っているのですね。表情もちょっと暗い感じに見えます。

■クライアント：そうです。自分で選んだ仕事なので、あまり不満は言いたくはないのですが、プライベートがない状況はちょっと考えものです。

■コーチ：そうですか、それではどんな状況にしたいと思っていますか？

■クライアント：仕事は仕事、プライベートはプライベートときっちり分けたいと思っています。自分にとって仕事も大事だけれど、同じようにプライベートの家族との時間も重要な時間だと思っています。

■コーチ：プライベートについて話す時の方が声に力が入っているように聞こえます。プライベートはあなたにとってどれぐらい大切なことなんでしょうか？

■**クライアント**：自分がやりたい仕事をするのと同じぐらい大事です。プライベートが充実して、初めて仕事へのやる気が出てきますし。仕事でやりきった感があって、プライベートがまた充実してくると思います。

■**コーチ**：何か仕事の完了感がプライベートへの充実につながり、いいスパイラルになりそうですね。

■**クライアント**：そう思います。自分にとって充実するとは、仕事の完了感があることが大事ですね。

■**コーチ**：それではどうしたら仕事の完了感を持てると思いますか？

■**クライアント**：自分自身、区切りをつけることですね。終わらなかったら家で仕事をすればいいとダラダラやっていた気がします。これこそ負のスパイラルですね。

■**コーチ**：今、身を少し乗り出されましたね。では、仕事の区切りはどうやったらつけられるでしょうか？

■**クライアント**：自分自身、今日はここまで仕事をすると決意することだと思います。それが自分の充実感やいいスパイラルにつながっていくと思います。

ここでは、コーチはレベル2でクライアントの話を聴いています。クライアントが話したい主題に沿いながら積極的に聴き、確認をしています。

04 レベル3 全方位的傾聴

⇩ 360度すべてに意識が向いている状態

レベル3は全方位的傾聴です。これは、話をしている相手だけでなく、その周囲、さらにはその部屋全体、まさに**360度すべてに意識が向いている状態**です。目に見えるものや耳で聴こえるもの、感情的なものを自分自身の肌感覚で感じとる傾聴です。**たとえるなら自分自身がアンテナとなって、その部屋、その場所で起きているいろいろな情報を感じとるようなものです。**

難しく聞こえるかもしれませんが、一般的には「空気を読む」とか「空気が読めない」といった言葉で表現されているものです。日常でも、たとえば家に帰った時に家族の表情から何か明るい雰囲気を感じて、理由を聴いたらスーパーの抽選があたっていたとか、会社に行くと何かピリピリしている雰囲気を感じたなどの経験がある人もいるのではないでしょうか。このレベル3の傾聴は日本人が得意としている傾聴でもあります。

この傾聴を使うと、レベル2の傾聴でつかんだクライアントの表情や声やしぐさについて、さらに違った感じ方をすることも可能になります。クライアントの表情や声は笑ってはいるけれど、何か曇った雰囲気を感じとったり、話のテーマや話している内容は辛そうだけど、何かそれ自体を楽しんでいるといった雰囲気を感じ取ることもあります。

日常でもレベル3の傾聴で何かを感じ取ることはありますが、**コーチングでのこのレベルの傾聴の特徴は、レベル3で感じ取ったことを、積極的に言葉に出すことです。**

クライアントが話していないことを言葉にするので、最初は戸惑うかもしれませんが、あえて言葉にすることでクライアントにとって役に立つ情報になることが多くあります。

さきほどの例でいうと、クライアントが笑ってはいるけど、目が笑っていないような感覚を感じ取った場合は、「本当は、笑ってはいないのではないでしょうか」などと言葉にしてみます。そうすると、「実は、他の問題が気になっていて」などと、一番話したいテーマが出てくるかもしれません。

⇩体を使ってレベル3の傾聴を体験する

それではレベル3も体を使って試してみましょう。レベル2と同じように誰かに協力してもらうとよいでしょう。先ほどレベル2で「前にならえ」のポーズをとってもらいましたが、まずそのポーズになってみてください。そこから徐々に手を広げていって、相手を

レベル3の傾聴を体感する

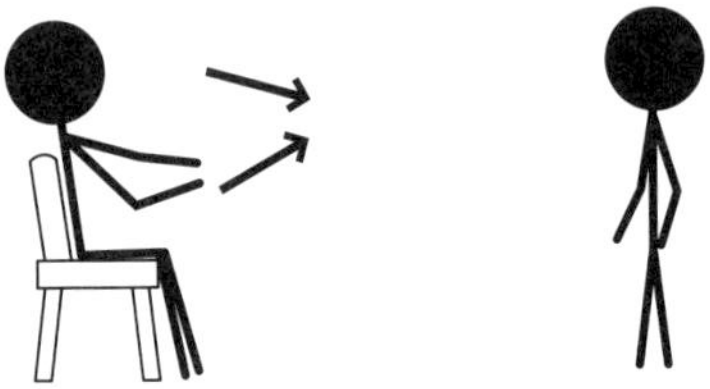

背もたれにもたれて、両手をリラックスさせて胴体よりもやや広めに開き、ボールを抱えているようなイメージで。

中心に360度に意識を向けてみてください。椅子に座っていたら、背もたれにもたれて楽に座ると、よりやりやすいでしょう。レベル2までは相手の表情や顔の輪郭などがはっきり見えていたはずですが、レベル3ではぼんやり相手が見えてきます。しばしば「レベル2はハードフォーカス」「レベル3はソフトフォーカス」といった表現を使うことがあります。そうすると、レベル2の傾聴とどのような違いがあるでしょう。

そして、その状態で感じたことを言葉にしてみましょう。「なんとなく○○と感じるのですが」、「何か○○な風に見えます」のように話すと、レベル3の感覚を言葉にしやすいかもしれません。

レベル3の傾聴の例

■**クライアント**：部署を移動したため、最近仕事の量が急激に増えてきて、会社で仕事が終わらずに、仕事を自宅に持ち帰り、作業しています。何か仕事とプライベートの境がなく、家族にも不満を言われている状態なのです。

■**コーチ**：仕事のことに対して、何か辛そうですね。

■**クライアント**：そうですね、辛いですね。そんな風に見えますか、ただ自分が選んだ仕事なので、不満などは言いたくないのですが。

■**コーチ**：なんとなくですが、仕事の話をされていながら、他に何か本当に話したいことがあるような気がしますが、いかがでしょうか。

■**クライアント**：確かに、本当に話したいことは、家族との時間をもっと大事にしたいということです。今までは自分の成長のために、仕事を大事にしていて、一生懸命働いて、給料を上げることが家族が幸せになると思っていましたが、それだけでは家族が幸せになれないことに気づいた気がします。

■**コーチ**：あなたにとって、家族の幸せとはどんなものですか？

■**クライアント**：私にとって、家族の幸せは、ささやかかもしれませんが、夕食は家族全員で鍋などを囲んで、一緒に食事して、週末は家族で旅行に行ったり、遊びに行ったりすることかもしれません。

■**コーチ**：何かその光景が目に浮かんでいるような楽しい感じに見えますね。

■**クライアント**：確かに、浮かんでいますね。これが自分の理想だと思います。

■**コーチ**：その光景はあなたにとってどれぐらい大事なものでしょうか？

■**クライアント**：最も大事かもしれません。

■**コーチ**：今すごく強い想いを感じますね。

■**クライアント**：そうですね。

■**コーチ**：この想いを大事にして、何か始めるとしたらどんなことが思いつきますか？

■**クライアント**：仕事は絶対に持ち帰らないことを始めたいと思います。仕事量が多いので夕食までに帰るのは難しいかもしれないけど、週末に持ち込むと、何のために仕事をしているのかがわからなくなります。

反映のスキル 05

傾聴で感じ取ったものを言葉にする

コーチはクライアントに関わる時にさまざまなスキルを使います。特に傾聴と密接に関係するスキルが反映のスキルです。傾聴のレベル2、3の状態でクライアントの話を聴いていると、普段見えていないクライアントの表情や声の抑揚を感じ取ることができます。その感じ取ったものを言葉にすること、また相手が話した言葉を繰り返すのも反映のスキルです。

クライアントは自分が話している時に、どんな表情で話しているか、どんな声の抑揚があるかということについては無自覚のことが多く、さらには自分自身何を話したいのかがわからなくなる時があります。そんな時、コーチがクライアントの表情や声のトーン、さらに感じたことを的確に言葉にして反映すると、クライアントの役に立つのです。**反映によってクライアントは自分に今起きていることを把握し、自分がどんな状態になっているのか、何を話したかをはっきりと理解することができるのです。**また、すべてのコーチングスキルに共通しますが、この反映のスキルもクライアントの状態を正確に反映しているかどうかはこだわらないことが重要です。自分の感じたことを大胆に口にしつつも、口にした後にクライアントの反応を、傾聴のレベル2、3で注意深く観察することが反映のスキルを効果的に使う鍵になります。そのことで反映のスキルがクライアントの役に立っているのかを把握することができます。また、時には、相手にとって耳が痛いことを反映して伝えることが必要な時もあります。これは相手との関係に注意しながら使用してください。

⇩ためらわず口にすることがポイント

それでは、実際に反映を使ってみましょう。まず、このスキルを使用する上で一番難しいことは、自分が感じ取ったことを言葉にするということです。合っているかどうかわからないことを口にすることは、誰しもためらってしまうものです。したがって、何度も繰り返し練習することが大切です。誰かに話をしてもらい、傾聴のレベル2、3で感じたことを口にするということを試してみましょう。**とにかく口にする。これがポイントです。**

言葉の語尾に「○○のように聞こえます」、「○○のように見えます」や「嬉しそうですね」「悲しそうですね」などと「形容詞＋そうですね」などの形式で言葉を使うと反映がしやすくなると思いますので、ぜひ試してみてください。

【反映の例】

■「あなたは営業成績が上がって、本当に嬉しそうですね」

■「あなたがどれだけお父さんとの関係を変えたがっているか、私にはよくわかっています。しかし、あなたのお父さんへの接し方は、どうもこれまでと何も変わっていないように聞こえますよ」

■「あなたはこの新しいプロジェクトメンバーになった時、上司が仕事の負荷を考慮してくれなかったのを不愉快に感じているように聞こえます」

06 自己管理

⇩コーチに求められる自己管理とは

通常のコーチングでは、コーチはこの傾聴のレベル2と3を使い分けながらクライアントに関わっていきます。しかし、クライアントの話をレベル2、3で傾聴しよう思っても、たびたびレベル1になってしまいます。たとえば、自分が知っている分野のことをクライアントが話していると、つい何かアドバイスがしたくなったり、クライアントの状況が自分の状況に似ていて、つい自分の立場に置き換えて考えてしまうことが多々あります。ここでコーチに求められるのが「自己管理」です。

「自己管理」とは、クライアントの主題を尊重するために、コーチが自分の意見や好み、評価や信念といったものを一旦すべて脇に置く能力です。

もちろんコーチも人間ですから、クライアントのために常に自己管理して、完璧に傾聴のレベル2、3に居続けるということはできません。しかし、コーチングをしている間は、常に主役はクライアントですから、コーチは自分が話したくなったり、自分事にとらわれないように自己管理する必要があります。

自己管理はまた、**自分が相手にどのようなインパクトを与えているかについて、意識する力でもあります。**コーチが自己管理をしてクライアントに関わることにより、クライアントがそのインパクトを体験で知ることができるようにもなり、クライアント自身が自己管理をして話を聴いてもらうことの素晴らしさを意識するようにもなります。

通常、「自己管理」と聞くと、何かを我慢しなければいけないものと考え、敬遠しがちになるかもしれません。しかし、ここでは自己管理を我慢するものととらえるのではなく、コーチが自己管理をした時にクライアントに及ぼす素晴らしいインパクトを見てみましょう。自分が、傾聴はもちろん、体調や時間なども整えてクライアントのためだけに話を聴くということは、どんなインパクトを生み出すでしょうか。同じように、相手からそうされたとしたらどうでしょう。

そうです。**自己管理はまさに相手を尊重し、敬意を払う、人間関係を円滑にする能力なのです。**

⇩自己管理は仕事や生活などすべてに通じる能力

また、自己管理はコーチングだけではなく、仕事や生活などすべてに通じる能力でもあります。仕事においても、心身を整えて仕事をするのとしないのでは大きな違いがありますし、生活や人間関係でもそうでしょう。

そして、もちろん自己管理がうまくできない時もあります。そういった場合も自己管理ができていない自分を自覚し、なんらかの方法で自己管理しましょう。

たとえばコーチングでは、コーチがクライアントの話に共感しすぎてレベル2、3でいられない時は、クライアントに許可をもらい、今の状態を正直に話すことで、自己管理を行ったりします。

もし、我慢しないといけないと何度も自分に言い聞かせたりすると、それこそレベル1の状態が続き、クライアントの話が聴けていないことになりますね。

Part 4

人に焦点をあてる

屋上で聞いた本当の気持ち
Story 4
いったい君は何をしたんだ!
黙ってないで何か言いなさい!
うちの商品を引き上げるってカンカンだぞ!
赤沢くん? 言いたいことがあるならちゃんと…
そんなにオレが悪いっていうなら今すぐ辞めますよ

待って赤沢くん
赤沢くん…
いったいこの騒ぎは
紺野部長…
…
実は…

部下が大口の顧客に何かして苦情が来ているんです
今それで事情を聞いていたら
辞めてやるって飛び出していってしまって
聞いたよ最近コーチングの研修を受けてるらしいじゃないか
こういう時こそそのスキルが役立つんじゃないのか

こんなところにいたのね
マネジャー…
屋上は立入禁止よ
落ち着くんですよ
嫌なことがあった時とかね

オレ…本社に配属になってから居場所がなくって
私もよ…第三営業部に来た時はそうだったわ
えっ…？
あなたを責めるつもりはないわ
誰よりも努力家で頑張っているのを知ってるし
ただ何があったのか知りたいだけ
話してくれる？
はい…

会社に届いたクレームは
取引先を通さずに
お店のやり方に
いろいろ口出ししたって
本社
取引先
飲食店
私はあなたが
何か理由があって
やったと思うのよ
店に商品の扱いや
売り方まで細かく
伝えたかっただけです
でも私達が大手の飲食店に
売り方まで指図するなんて
指図なんて
そんなつもりは…
ひと言相談して
くれれば…
どうして
ひとりで
そんなことを

いけない…いけない
聞かせてくれる？
それを伝えることで
あなたは
どうしたかったの？
……
オレはただ数字を
出したかった
だけなんです
より商品が売れる方法を
積極的に働きかけてるつもりだった
それって店のためにもなるし
数字だってついてくる
仕事は数字よ！
結果を出しなさい！

彼にプレッシャーを
かけていたのは
きっと私ね
そして彼なりに
応えようとしたのね
ごめんなさい!
え?

結果を求め過ぎていたのは私の責任よ
そ　そんな
オレ　ただ第三営業部の力になりたかっただけです
地方支社の契約上がりだし学歴だってないしだから誰よりも結果を出したかった
赤沢くん
それがこんなことになるなんて…
まだ遅くはないわ！

一緒に説明に行きましょう！
え！
あなたが伝えたかったことを伝えに
私も一緒に行くわ！
……
はい！
マネジャー変わりましたね
！

なんだか雰囲気が穏やかになったっていうか…
そ　そう？
最初に比べてだいぶ印象が変わりましたよ
私もやっと第三営業部での居場所を見つけたのよ
…！
あなたも見つけに行きましょう！
はい！
ま　待ってください!!

早くしないと置いていくわよ！
行きましょう！
あなたの思いを伝えに！
数字にこだわって部下を追い詰め
私はそれで何がしたかったのかしら？

01 人に焦点をあてるとは

「相手の話をよく聴く」とどうなるか？

マネジメントが上手くいきかけたところで、トラブル発生です。トラブルの原因は、いわゆる問題児タイプの赤沢です。「一難去ってまた一難」の状況で響子がどう行動したか見てみましょう。

これまでの癖で「どうしてひとりでそんなことを…」と質問しそうになったところで気づき、響子は赤沢の気持ちに焦点をあてて聴いていくことを意識的に試してみました。

ここがコーチングが他の会話と大きく違うところなのです。

仕事の場面に限らず、日常の会話の中で、「相手の話をよく聴く」というと、私達は細かいところまでしっかり聴く、状況や背景などを理解することだと思いがちです。もちろんこの聴き方が悪いというわけではないのですが、コーチングとしては注意信号です。

コーチがクライアントの細かい事柄や状況を聴けば聴くほど、コーチの側は事情がよく理解できるようになってきます。すると何が起きるでしょうか？

ごく自然にこの問題をなんとか解決したいという気持ちが高まってきます。そして、「こうしたらいいのでは？」という自分の意見やアドバイスが浮かんできがちになるものなのです。このサイクルに陥ると、Ｐａｒｔ３でお伝えした「レベル１の傾聴」になり自分の言いたいことに意識が向いてしまうため、どんどん相手の話が聴けなくなってしまうのです。

好奇心を持った聴き方でクライアントの内省をうながす

コーチングで聴いていきたいことは、相手の話している事柄や事件の状況だけではありません。それを話している相手の気持ちに好奇心を持って聴いていくのです。１４６頁で響子は「それを伝えることで、あなたはどうしたかったの？」と、行動の奥にある赤沢の意図や想いを聴いています。

コーチが「あなたはどうしたいの？」「その状況をあなたはどう思っているの？」「あなたは今どんな風に感じているの？」とクライアントの気持ちや意図に焦点をあてて聴いていくことで、クライアントは状況の説明に終始するのではなく、自分がそのことをどう思っているかという内省に向かうことができます。そうすることではじめて自分の本当の想いを言葉にすることができるのです。

⇩相手が自分の気持ちに焦点をあてやすくする方法

日常の会話でも、相手が自分の気持ちに焦点をあてやすくするのにとても簡単な方法があります。「あなたは」「○○さんは」と話し手を主語にして質問するのです。「そのことを○○さんはどう考えているのですか?」「あなたはそれをどう思ったの?」といった要領です。

これに対して、「そのことで相手は何て言っているの?」とか「その対応は今どうなっているの?」といった、状況や事柄が主語になった質問を並べてみてください。その印象の違いが感じられるはずです。

コーアクティブ・コーチングでは、Ｐａｒｔ2で紹介したように**「人はもともと創造力と才知にあふれ、欠けるところのない存在である」**という礎をベースに進めていきます。コーチは、クライアントがその状況や問題を自分で解決する力があると信じて関わっていくので、その問題をクライアントがどう見ているのかに好奇心を向けていくのです。

人に焦点をあてる

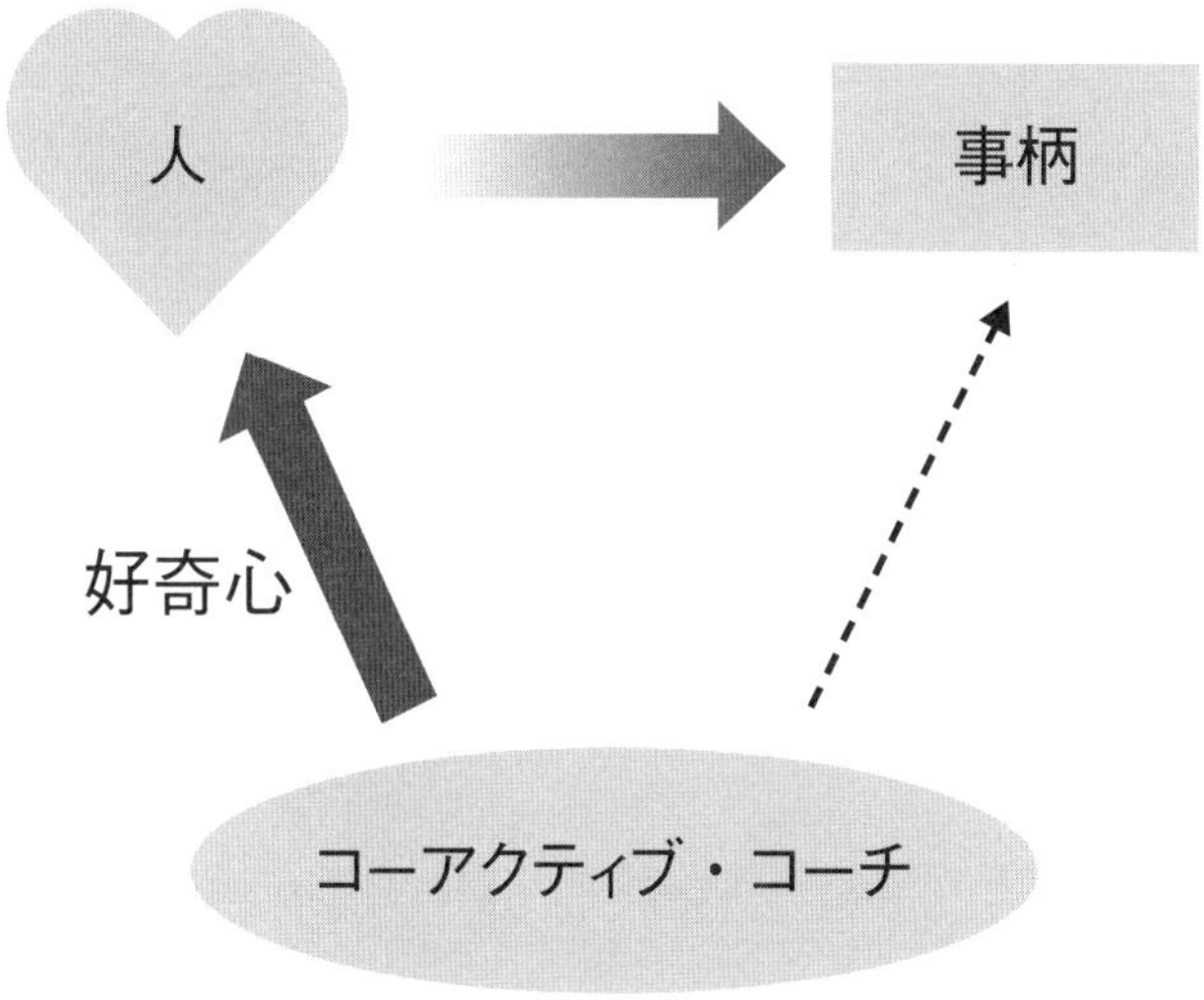

コーアクティブ・コーチは、事柄よりも、
まず人に焦点をあてます。

好奇心の価値とは 02

「もっと知りたい」と純粋に無邪気に思う

日常私達は自分の思考パターンの中で人と会話しています。人の話を聞きながら、自分の考え方と同じか、違うかを無意識に判断しています。「わかる！そうだよねぇ～」とか「いやいや、そうじゃなくて……」といった反応が自然と出るのも自分の中の基準と合っているかどうかの表れです。同時に話をしている側としては、相手が自分の話を評価判断しながら聴いていることを敏感に感じています。そのため、「良く思われていない」「受け入れられていない」と思うと、その先の本当に思っていることが話せなくなったり、つい自己弁護の言葉が出てきてしまったりします。こういう経験は誰にでもあるのではないでしょうか？

コーアクティブ・コーチングでいう好奇心とは、クライアントのことを「もっと知りたい」と純粋に無邪気に思うことです。クライアントの話している内容ではなくクライアント本人をもっと知りたいと思う気持ちが質問を生み出すのです。たとえば「本当はどうしたいの？」「あなたはどう思っているの？」といったシンプルで短い質問です。また、この質問は好奇心に満ちあふれたところから出てくるので、コーチは自分のした質問に対する答えを準備していません。だからこそ、クライアントからどんな答えが返ってくるかをワクワクしながら待てるのです。

私達は、みんな好奇心を持って生まれてきています。

あなたも「あれなに？」「これなに？」「あれなんていうの？」と2、3歳の子が質問魔のようにお母さんに聞いているのを見たことがあるのではないでしょうか。そうです、人間はみんな好奇心を持って生まれてきているのです。ところが、大人になっていく過程で、「そんなことを聞いてはいけません」と叱られたり、「親しき仲にも礼儀あり」と他人のことを詮索してはいけないと教育されることで、好奇心を無邪気に人に向けてはいけないのだと思い込んでしまっていることが多いのです。

ちょっと想像してみてください。自分が想っていることや、していきたいことを自由に話している時に、目の前でコーチが好奇心いっぱいで聴いてくれたら、どんな気持ちになるでしょう？　きっと自分の想いをすべて言葉にすることができ、聴いてもらえたと感じるでしょう。もしかしたら自分の想っている以上のことが引き出され、話してしまうかもしれません。それが聴き手の好奇心の力です。また**好奇心は、答えがひとつでないことも前提としているので、クライアントはより自由に柔軟にあらゆる可能性を探りにいけるのです。**

⇩事柄ではなく人に好奇心を向ける

この時、好奇心の向け先が大切になってきます。事柄に好奇心を向けて「先方は何て言っているの？」「それで状況は今どうなっているの？」と質問すると、聴き手の知りたいことを聞いている印象になります。質問された側は説明しないといけない気持ちになり、まるで尋問のようになってしまいます。

一方、好奇心を人に向けてみるとどうなるでしょうか？

物語の響子のように「それを伝えることで、あなたはどうしたかったの？」と問いかけることで、相手は「自分のことをわかろうとしてくれている」と感じて安心できるはずです。そうなると、もう少し自分のことを話していいかな、と思えてくるものなのです。

もうひとつ、同じ質問でも好奇心があるかないかでどんな違いがあるか考えてみましょう。

「今はどんな仕事をしていますか？」
「普段どんな本を読みますか？」
「お住まいはどちらですか？」

まずは、就職の面接で質問されていると想像してみてください。相手はこの質問を通してあなたを評価し、採用する価値があるかどうかを判断しようと値踏みしているように感じてしまうはずです。そうすると警戒しながら「この答えで大丈夫かな」と相手の顔色を見ながら話してしまい、話し手の意識は、自分の本心というより、相手の顔色に向いてしまいます。

今度は、付き合い始めのパートナーから質問されていると想像してみてください。あなたのことをもっと知りたくて純粋に聞いてきます。自分に好奇心を持ってくれている、知ろうとしてくれている、こういうあり方があなたの警戒心を解き、自分を正直に語ろうという気持ちにさせてくれます。そこから徐々に2人の信頼関係も築かれます。

拡大質問（オープン／パワフル・クエスチョン）

03

質問の威力とは？

コーチングにおいて、好奇心はおもに質問という形をとって表れます。相手のことをもっと知りたいという気持ちがあふれて口から出てくるのが、質問というわけです。

質問の威力とは、質問された側が条件反射的にその答えを取りにいくところにあります。

たとえば、あなたが「昨晩は何を食べましたか？」と聞かれたら、おそらく「えっと……」と自動的に昨晩の食事の記憶を取りにいくでしょう。このように、質問は、された相手の意識をその問いの方向に向かせる力があるのです。そのため、**その質問が相手のまだ知らない、初めて考えるようなものであればあるほど、気づきが多くなっていきます。**

その質問の中でも特に重要なのが、拡大質問です。私達は自分でも気づかないうちに思い込みを持って生きています。「こんなことを言ったらきっと嫌われる」「このアイディアは通らないに違いない」そういう自分の思い込みから、本当は思っていても表に出すことなく終わってしまうことが多くなっています。そこに「本当はどうしたいですか?」「どうなったらいいと思いますか?」と無邪気に問われることで、本当に思っていることを言葉にできる機会をもらうのです。

拡大質問は「はい」「いいえ」で答えられないという意味で、オープン・クエスチョンともいいますが、コーアクティブ・コーチングではパワフル・クエスチョンと呼びます。その質問の相手へのインパクトはパワフル、強烈なのです。実際に筆者は「あなたが自分の望むような人生を生きられるとしたら10年後どうしていたいですか」という問いで人生が変わりました。ある人は「あなたが死ぬまでにこれだけはしないと後悔するというものは何ですか」という問いから、昔から本当にやりたいと思ったものを思い出し、実行して人生を変えていきました。

拡大質問はどんな方向にでもクライアントをつれて行くことができますし、コーチはもちろんクライアントさえも気づいていない未知のところに行くことができるものなのです。

⇩もっとも効果的な拡大質問とは

拡大質問の中でも特に効果的なのは、短く、単純で、無邪気な問いです。

「あなたはどう思っているの？」「本当はどうしたいの？」「それで？」など、こんなに短い問いでいいのかと思われるかも知れませんが、言う方が言葉にするのを躊躇《ちゅうちょ》してしまうくらい単純な問いが、される側にとっては最も有効なのです。**単純な問いはクライアントの防御網をくぐり抜ける力があるのです。**クライアントは複雑な質問に対しては十分な備えをしており、対処できます。

たとえば「そのプロジェクトが上手くいかない理由はなんでしょう？」と聞けば、クライアントは指を折りながら、すでに準備してある「上手くいかない理由」を説明し始めます。そんな時こそ、コーチは「本当はどうしたいんですか？」と、できない理由に留まっているクライアントの奥にある本当の願いに向けた質問をすることで、一緒に可能性を探っていけるのです。

同時にこういう単純な問いは、クライアントを不意打ちするので、用意した答えが使えず、しばし沈黙する場面も出てきます。そんな時、ついコーチは沈黙を無意味な時間だと思ってしまったり、クライアントが質問を理解できなかったのかと早とちりして、言葉を継いでしまったりしがちです。でもこの静かな空間、時間の中にこそ豊かな気づきがあふれているかもしれないのです。**クライアントが答えを取りにいっている間を大切にして、クライアントを信じて、共にいて待つということも拡大質問と同じくらい大切になってき**

ます。

⇩質問する際の注意点とは

質問は、短く、単純で率直なものであればあるほど力強いということを伝えてきましたが、例外もあります。それは、「どうして」や「なぜ」で始まる問いです。「はい」「いいえ」で答えられないという意味では拡大質問なのですが、クライアントの言い訳を誘発しやすくなりがちです。

たとえば「どうしてこのプロジェクトに手を挙げたのですか?」というような問いです。「どうして」とか「なぜ」と問われると、クライアントは自分の意見や立場を説明したり、正当化しないといけないように感じてしまいます。

今、こういう問いを例として挙げましたが、これは決して「使ってはいけない」という意味ではありません。あなたの質問が、クライアントにどんな影響を与えたかに意識を向けてほしいのです。クライアントが深く自分を探りにいっている問いなのか、自分が責められたと感じて正当性を主張しようとし始めているのか、**自分の質問の与えた影響に気づいてさえいれば、形は重要ではありません。**

⇩拡大質問の例

拡大質問は、以下の例からもわかるように、ほとんど「はい」「いいえ」で答えられる質問ではありません。クライアントが自分の言葉で答えることで、自らの学びを深め、新たな気づきをもたらす可能性を創り出す質問なのです。

■期待に関する質問
・何が可能ですか？
・何を求めているのですか？
・あなたの望みが叶ったとしたらどうですか？
・夢は何ですか？
・これの何が、あなたをワクワクさせますか？

■可能性を探る質問
・どんな可能性がありますか？
・あなたがまだ探っていないのは、どの部分ですか？

・いろいろな角度から見たらどう見えますか？
・他にもうひとつ可能性があるとしたら、それは何ですか？

■選択肢を広げる質問
・他にどんな選択肢が考えられますか？
・思いっきり大胆になったらどんな選択肢がありえますか？
・もしも選べるとしたら、何をしますか？
・やった場合とやらなかった場合、何が変わりますか？

■核心を突く質問
・何が問題なのですか？
・最大の障害は何ですか？
・何があなたを引き留めているのですか？
・今、もっとも望んでいることは何ですか？

■行動を促す質問

・何をしますか？
・いつそれをしますか？
・どんな行動を起こしますか？
・次のステップは何ですか？　それはいつまでにやりますか？

■学びを深める質問

・今回のことから得たことは何ですか？
・何を学びましたか？
・この学びを覚えておくためにどうしますか？
・他にどのようなやり方があったと思いますか？

Part 5

コーチを付けるということ

新しい一歩は
どっちに
踏み出すの？
Story 5
ついに第一営業部の成績を抜いたぞ！
やったー！
これもみんなが頑張って新商品を売り出してくれたおかげよ
ありがとう

弱小営業部がこんなに成長するなんてね
ちょっとごめんなさい
…?

あの　仕事中なので
手短に…
ええ
ワールドビバレッジさんが
そう評価してくださるのは
ありがたいと思っています
ただ
少し考えさせてください
ワールドビバレッジ？
業界最大手が
マネジャーに何を？
今の電話ってまさか…
ヘッドハンティング!?

どうかしたんですか？
え？ あっ ごめんなさい
何でもないわ 大丈夫
株式会社 エージェントサーチ
マネージングディレクター
小早川 兼次
マネジャー―！
……

わ、ワールドビバレッジ？
めちゃくちゃでかい企業じゃんか！
あの名刺はやっぱりヘッドハンティングの…
ヘッドハンティングかあ
ありえるよな…
今だから言うけどさ最初はマネジャーについていけない感じだった
わかる　なんだかトゲトゲしくてね
でも途中からすごく親身になってくれるっていうか
今じゃみんなをひっぱってくれる存在よね
そうだな…　まあ変わったよな
何だよ赤沢

オレさ
例のクレームで上の奴らに
問い詰められた時
山吹マネジャーが
一緒に取引先回って
説明してくれたんだ
あれはお前が
やりすぎたんだよ
そ…
それはそうだけどさ
ハハハっ
でも実際
あの人がいなくちゃ
今の第三営業部は
ないよな
うん
ないない
マネジャー
辞めちゃうのかな
新さんま塩
うなぎ蒲焼
ピリ辛なす炒め
ジャンボコロッケ
カキフライ

CAFE AMBASSAD
そうですか…ワールドビバレッジからいいお話ですね
はい…
悩んでいるんですか？
ええ…どうしたらいいいかと思って
最終的にはもちろん決めるのはあなたです
あなたは今まで成長を大切にされてきましたね
ええ…それはそうです
どんな道を選ぶにせよ今もそれは変わらないけど…
山吹さんは今後ももっと成長したいのではないですか？
どうですか？

山吹さんは今の職場でできることはやり切ったのではないですか？
あなたはもっと高みを目指すべきです
成長……

マネジャー　これからも僕達　頑張ります！
いっぱい　指導して　くださいね！
あなたは今まで　成長を大切にされて　きましたね
ワールドビバレッジに　移れば今以上に　あなた自身が　ステップアップできる　はずですよ！

そうですね
やはりこのお話を受けようと思います

わかりました
山吹さんが悩んで決めたことなら…
最後にひとつ聞かせてください

コーチという存在

01

身の回りの応援者とコーチの違いとは？

通常、身の回りには、家族や同僚、友人など、あなたを応援してくれる多くの人がいることでしょう。コーチがこれらの人達と最も異なる点は、クライアントであるあなた自身が、コーチングのセッションでどのようなことを話したとしても、それをまるごと受け止め、あなたの可能性を信じて疑わない１００％の応援者であるというところです。

一方的にアドバイスをしたり、評価判断をしたりする代わりに、あなたの気持ちや本当の願いにひたすら耳を傾け、全力でそれが現実になるように応援してくれるパートナー、それがコーチという存在なのです。

ただし、一方で、コーチに完全に依存するのもよくありません。結局、何をテーマとしてコーチングを受けるか、各セッションの中で何を話すか、そしてコーチングを受けた結果どういう行動を起こすかは、自分自身の自主性・自発性にかかっています。そういう意味で、コーチングとは、コーチとクライアントが、クライアントが目指す目的地に向かって二人三脚で歩む旅のようなものだといえます。

コーチかクライアントの一方だけが力を使うのではなく、双方の力を合わせるのです。したがって、お互いに遠慮は禁物。コーチとクライアントが100%力を出し、一緒にコーチングのセッションを創っていくのがコーアクティブ・コーチングのスタイルなのです。

最初のうち、目指す目的地があいまいな場合もありますが、それはそれでかまいません。コーチングを受けたいと思うきっかけはさまざまで、たとえば子育てで気がかりなことがある、上司とうまくいっていない、独立したいがどこから手をつけたらいいかわからないなどいろいろあります。

コーチは、こうした気がかりや悩みの奥にある夢や願いを明確にするところから始め、そこに着実に近づけるよう、定期的なコーチングを通してクライアントであるあなた自身を支援していきます。毎回、一歩ずつ前に進んでは振り返るという「行動と学習」のプロセスを繰り返すことで、クライアントであるあなたは自分のペースで目的地に向かって進んでいくことができるのです。

⇩プロコーチとは？

またプロコーチはここ20年ほどで確立されてきた比較的新しい職業です。コーチングを受ける人のことをクライアントと一般に呼びますが、そのクライアントと契約を結び、対価をいただいてコーチングを提供する人をプロコーチと呼びます。

コーチというと、Ｐａｒｔ１でも書いたように、真っ先にスポーツのコーチを思い浮かべる人がまだ多いこの職業も、近年では日本においてもビジネスの世界を中心に広く認知されるようになってきました。

国際コーチ連盟の統計によると、世界１００カ国以上で１万６０００人を超えるプロコーチが活躍しています。プロコーチとして独立している人もいれば、企業内でコーチングを業務の一環として行っている企業内コーチ、学校内でコーチングを提供するスクールコーチなど、その活躍の形態は多岐にわたります。

活動する領域についても、ビジネスや教育だけでなく、医療や市民活動などさまざまであり、独立・起業やキャリアアップなど自分が精通した分野に専門特化したコーチングを提供することで独自の付加価値を生み出しているコーチもいます。

一方で、子育てに悩むお母さんをサポートしたい、就職活動中の学生をサポートしたい、企業の経営者層をサポートすることで企業の活性化をお手伝いしたいなど、そのコーチの個人的な関心やキャリアなどによって、コーチングを提供する対象も千差万別です。

プロコーチという職業は医師のように国家資格を取らないとできない職業ではありません。コンサルタントなどと同様に、自分がそれを職業とすることを決め、クライアントが見つかれば、その時点で開業することが可能です。

また、実際にコーチングを提供する時間や頻度、その方法もさまざまで、特に独立したコーチの場合は、自分の好みやライフスタイルに応じて自由に選択することが可能です。たとえば、毎週30分のセッションを電話で行うとか、月に2回1時間のセッションを対面で行うといった具合です。

⇩「人」に関わるすべてを取り扱う

活動の形態や領域、そして働き方もさまざまなプロコーチですが、いずれの場合も「人」を相手にしていることには変わりません。クライアントとなる人達はその社会的な立場や役割に関わらず、多様なニーズを持っています。たとえば、企業の経営者でも家族や健康のことで悩みますし、育児中の母親もいずれ仕事をしたいと思っているかもしれません。

プロコーチ達は、契約にあたって、相手のクライアントがコーチングの中でどのようなことを取り上げたいかという「主題」を確認しますが、それだけに必ずしもとらわれることなく、クライアントという「人」に関わるすべてを取り扱います。なぜなら、前述のように、経営者としてより力を発揮するための鍵が、仕事ではなく家族関係や心身の健康にあるかもしれないからです。

もうひとつ、**プロコーチ達は、クライアントが取り上げた主題だけでなく、常にそのクライアントの「本質的な変化」を見据えています。**「本質的な変化」とは、「自分の人生を生き生きと、主体的に、しっかりと味わいながら生きたい」という人が誰しも持っている願いに基づいて起こる変化です。コーチは、クライアントがもともとそういった変化をし続ける存在であることを信じて関わっていきます。

⇩コーチを付ける理由とは？

コーチを付ける理由を統計的に調べると、２００９年の国際コーチ連盟の調査では、「キャリア」、「仕事におけるマネジメント」、「自己評価のため」が高い理由となっています。

そして、コーチングに関しての満足度は大変満足しているとある程度満足している人の割合が98・９％になっています。そのうち大変満足している率は82・７％です。

また、コーチングを受ける年齢は36歳〜45歳が35・９％と一番高くなっています。

コーチングの費用に関するデータもあります。２０１２年の国際コーチ連盟の調査によると、１時間あたりのコーチング費用は全世界では２２９＄、日本では２３９＄になっています。もちろんこの費用は平均値であり、コーチによってさまざまです。

⇩コーチを付けることは人生に本質的な変化を起こすスタート

自分自身にコーチを付けるということは、まさに人生に本質的な変化を起こすスタートでもあります。

しかし、**目的が本質的な変化だからといって、人生に関わるような重大なことをテーマにしなければいけないというわけではありません。**

人生とは人間関係、仕事、キャリア、お金、家族など自分自身すべてを含んだものです。そのため、クライアントは、仕事上の悩み、今より収入を増やしたい、転職を考えている、結婚したいといった限定したテーマからコーチングを受けることができます。どんなテーマからもプロのコーチは、そのクライアントが充実している方向、止まっている場所から動き出す方向、より味わい深い人生が送れるように関わっていきます。なぜなら、仕事や結婚という限定的なテーマで自分の人生の一部を取り出したとしても、すべて自分の人生の一部分であるため、結局は常に人生全体に関わってくるものだからです。

コーチングを受けたことがある人は、コーチングが自分の人生に大きな影響を及ぼすことを知っています。筆者である私達もコーチングを受けることにより、大きく人生を変化させてきました。シンガポールから日本に通うことを決めたり、会社を辞め、無一文の状態からコーチとして独立をしたりしてきました。

また、コーチを付けると、人はそこそこの人生で満足することなく、自分の持てる力をすべて発揮して、価値観に沿って充実した人生を送ることがあたりまえに思えてきます。言い換えると、自分の本当に大事にしている価値観を知ってしまったら、価値観に沿っていない選択をすることが苦しくなるということでもあります。

そして、自分自身の本当に願っている目的を知り、そこに向けて進んでいきます。現実社会で、仕事やお金や立場などで止まってしまう状況があれば、視点を変えることにより、さらに力強く進んでいきます。

喜ぶ時には心から喜び、悲しい時にもその悲しみを深く感じる、そんな味わい深い人生が待っています。

そんな自分自身の人生を、心から応援してくれる人がいるということを想像してみてください。

そこには、どんな人生が待っているでしょう。

それが、コーチを付けるということです。

コーチ選定の流れ 02

⇩コーチ選定の3ステップ

では、実際にどのようにしてコーチを選べばよいかについて説明しましょう。大きくは3つのステップとなっています。

■ステップ1　コーチングによって何を実現したいかを明確にする

仕事、ワークライフバランス、コミュニケーション、タイムマネジメント……。コーチングは、人生全体を取り扱います。あなたは、何に焦点をあててコーチングを受けたいですか。あなたがコーチングによって何を実現したいのかをよく考えてみましょう。

■ステップ2　コーチを探す

コーチを探すステップは多岐に渡ります。コーチを知っている人に紹介してもらってもいいですし、インターネットの検索で「コーチを探す」と検索するだけでもコーチを紹介するサイトが数多く出てきますので、そこから探してもいいでしょう。

■ステップ3　コーチに連絡する

コーチを選んだら、めぼしいコーチに直接アクセスしてください。

コーチングの料金や形式はコーチによって異なります。

一般的には、月に3〜4回、電話で30分〜40分、コーチング・セッションが行われることが多いようです。通常、電話はクライアントからかけ、通話料金はクライアントが負担します。

⇩サンプル・セッションの申し込み

本格的な契約に入る前に、実際に、そのコーチのコーチングを試しに受けてみることを「サンプル・セッション」と呼んでいます。

サンプル・セッションで、選んだコーチのコーチングを実際に体験されることをおすすめします。コーチングを行うにあたっては信頼関係が土台となります。基本的事項の確認やサンプル・セッションを経て、自分に最もフィットするコーチを選んでみてください。

最もフィットするコーチを選んだら、そのコーチと契約を結びます。一般的に、**コーチングの関係を開始してから少なくとも3ヶ月間は、その関係を継続されると効果が確認しやすいでしょう。**

体験談1　40代女性　F・Aさん

結婚について考え始めたのがコーチングと出会うきっかけに

自分自身の結婚について考えていた時にコーチという存在を知りました。

婚活本を読んでいたらその著者の言葉に「この本を書くことができたのは、私のコーチのおかげです」とあり、スポーツのコーチがなぜ関係するのかな？　と思ったのが興味を持ったきっかけです。

そして巻末の「おすすめのコーチ」のブログをすぐさま読んでみました。その時に自分自身に何かこれだと思うものを感じて、そのコーチのコーチングを受けてみようと思いました。

その時は、この人に話を聴いてみたら何か結婚や人生に関する答えを教えてくれるかもしれないと期待を持っていました。

そして、実際にコーチングを受けてみて、最初は驚きました。コーチは何か答えを教えてくれるものだと思っていたのですが、逆に、

「あなたにとって結婚って何ですか」

と聴かれたのです。答えにつまってしまいました。

自分は教えてもらうつもりで、コーチから質問されることは想定外だったので、最初のうちは結構大変でした。でも、そうやってコーチングを受けることによって、気づいたことがありました。

「私は人生になんら望みを持っていなかった。親や周囲に言われる良い人生を目指すだけで、それが自分の幸せかもしっかり考えず、流されるままに生きてきた」

自分の人生は自分が決める、そんなあたりまえのことができていなかったとわかったのです。


そこから、何人かのコーチにコーチングをしてもらいました。コーチングを受けたことによる大きな学びは、「私の人生は私が創るもの」ということでした。その学びから、自分自身の行動が変わっていきました。また、自分自身もコーチングを学びに行くきっかけにもなりました。

今までの自分なら考えられないことですが、会社で「私に社内コーチをさせてください」と提案したりしました。

会社の同僚には、普段は話さないけれど、私と同じように何か想いがあって仕事をしているはず、そのことをひとりひとりに話をしてもらう、また私がコーチとして関わることがとても大事なことではないかと。もちろん、そういう提案を自分がするとは思ってもいませんでした。それは、自分の、会社への想いをコーチに引き出してもらったことが大きいです。

「今までは他部署の人間だったけど、何か聴きたい」、そのためには、まず私自身が変わることが大事だという想いによるものでした。

体験談2　40代男性　T・Kさん

コーチングを受けて視野が広がった

コーチングを受けようと思ったのは、自分を見つめ直したい、もう少し変わっていきたいという思いからでした。40代に入ってイライラすることが増えてきて、自分自身何か変わりたいと思っていたことがきっかけとなったのです。

コーチングを受ける前までは、言いたいことがあっても、「こんなことを言ってもなあ」と思っていました。たとえば、私は吹奏楽団に入っていましたが、吹奏楽団の中では、自分は指揮者や他の演奏者に文句ばかり言っている現状がありました。

「なぜ、そこにしがみついているの?」

コーチからその質問をされた瞬間に、吹奏楽団はここしかないと思い込んでいた自分に気づきました。そして、決意を新たにして、新しい楽団に行くことにしました。そこで新しい人間関係を創ればいいと思ったのは、今思うと自分にとって革命的なことでした。

しかし、残念ながら新しい楽団も、何かいまひとつな感じがして、半年ぐらいつまらないなあと思っていたところ、

「どうしたいの？」
とコーチに質問されました。
その質問で、今までのような「自分だけ楽しければいい」ではなく、「みんなにいい影響を与えたい」という自分の想いに気づくことになりました。
そして、だったら、自分が指揮者をやればいいという考えが浮かびました。

昔だったら自分が責任を負いたくなかったので、そういった役割は人に任せていましたから、自分が指揮者をするというのは〝まさか〟の発想です。これはコーチングがなかったら絶対に出なかったと思います。

「あなたはどうしたいの？」という質問が自分にはかなり影響が大きくて、それを楽団でも使ってみました。楽団の皆に「どうしたいの？」という質問を使ってみたところ、そのことがいい結果を生んで、みんなが楽しく輪になるような関係性ができました。

振り返ると、コーチングを受けることにより、自分の視野が広がった気がします。いろいろなやり方があることに気づき、考え方が広がり、今の自分が目指している方向に向かっているか、向かっていないかがわかるようになりました。

　結果として、人生において、やりたいことをやれるようになりました。〝俺が俺が〟というよりみんなと調和をとりながら、自分の想いを伝えられるようになりました。

　また、いい意味で人に期待しないようになりました。人に期待すると、できなかった時にイライラします。願いはあるけど結果に期待しないように心がけるようになりました。

Part 6

フルフィルメント
～自分の人生を生きる～

成長の先に
続く道
Story 6
はーっ…
昨日…最後に
コーチに言われた言葉
あれからずっと
頭から離れない
やっぱり…受けるつもりなんでしょうかね
ワールドビバレッジだもんなあ…でも

お前らもしかして止めようとか考えてないだろうな？
赤沢！
お前は辞めてほしいのかよ！
んなわけねーだろでも…
でもここ最近のマネジャーは悩んでるみたいだった
きっともっと上を目指したいんだよ
オレ達を成長させてくれたのはマネジャーだよなそのマネジャーの成長を邪魔してどうする！
笑顔で送り出すんだよ
……
…そうだな

今日は紅葉が
見ごろの日光に
やって来ました
たくさんの人出で
にぎわって
います
コーヒー飲む?
え?
あ ありがと!
……

ヘッドハンティングの件？
え!? あ ありがと！
な なんで？
わかるさ 見てれば
プッ
今日は僕が聴くよ
……
りっくん…

じゃあ…
相談させてもらおうかな
はいお世話になっています
すみませんご連絡せず
……!

あの…
できれば今日お返事
差し上げたいと思います
!
できれば
直接お会いして…
はい では
駅前のカフェで15時に
よろしく
お願いします

まだかなマネジャー…
あ なんでおまえらいるんだよ！
仕事はどうした！
お おまえだって！
バカ！隠れろ！
カラン…！

やっぱり…受ける気ですかね
ばかやろう転職が決まったらおめでとうって言ってやろうぜ
でも…やっぱりさびしいよな…
すみませんすっかりお返事を引き延ばしてしまって
いえいえ
お気持ちを聞かせていただけますか?

とても光栄なお話だと思うのですが…
お断りさせていただきたいと思います
!
理由を…
お聞かせ願えますか?

このところ仕事をしながらも何をしたいんだろうって考えることが多くありました
私は何よりも成長を大事に考えています
昔はそれが数字に現れるものだと思っていた時期もありました
でもそれは違う
数字はもちろん大事です
ですがここで仕事する中で数字を求めるだけでは本当の結果はついてこないことを学んだのです

多くの部下達に
プレッシャーをかけて
他人の能力を信じない
マネジャーにな
必ず結果を出します
みなさんも
結果を常に意識して
目標達成してください！
新しい層に
働きかける
難しさはわかってる！
みんな
プロジェクトの意味
理解してますか!?
そんなひとりよがりの
仕事では
何も得られませんでした
部下や家族や周りの
人達を尊重して
いい関係を創って
いくことで
自分も成長し結果として
数字もついてくる
それが理想なんです
だから私はこの会社で
今のみんなに囲まれて
今後も仕事を
していきたいと思います

やったあああ！
！
あ　あなた達
どうしてここに！
オレ達これからも
がんばります！
一緒に成長して
いきます！

ああああ
仕事に戻りなさい！
何やってるの！
あなた達は！
残念ですが
あなたが真剣に考えて
出した結論なら
仕方ありませんね
すみません
重ねがさね
なんとお詫びを
申し上げたらいいか
いえいえ
あやまることでは
ないですよ

そうですか
断ったんですね
ヘッドハンティングのお話
はい
それでも…
ぎりぎりまで
悩んだんですけど
あの時コーチが
かけてくれた言葉
最後にひと言
聞かせてください
山吹さんが本当に
大切にしたいことは
何ですか?

あの時…私
改めて思ったんです
以前から感じていた仕事の違和感
仕事で何を求めていたんだろうってことに

コーチと出会い
自分をより深く知って
一段成長できたんです
ありがとう
ございます！
自分のやりたいことを
見つけたのは
山吹さん自身の力ですよ
それは私にとって
何よりの喜びですね
本当にありがとう
ございます

私頑張って
ワールドビバレッジに
負けないくらい
成長してみせます!
よーっし!
帰って
仕事頑張るぞ!

フルフィルメントとは

01

具体的なテーマの奥に隠れているものとは

フルフィルメントとは、日本語にすると「充実感」とか「生きている実感」と表現されます。私達は自分のやりたいことを夢中になってやれている時、充実感を味わいます。人はそんな日々を送ることで、「充実した人生を送りたい」というシンプルな願いを持っています。

コーチングを受けにくる人は、「転職をしたい」とか「ダイエットを成功させたい」とか「結婚したい」というような具体的なテーマを持っていることが多いのですが、その奥には**それを達成することで「より充実した人生を送りたい」という願いがあるのです。**そのためコーチは、「何をするか」や、「どうするか」という問題解決だけでなく、「何を大事にしているか」「どんな状態を望んでいるのか」ということに意識を向けながら話を聴いていきます。

つまり、**フルフィルメント・コーチングは、クライアントの価値観に沿った行動は何かを聴いていくのです。**

フルフィルメントは、充実した状態で生きることです。これは、「思うような転職をする」「体重を10ｋｇ減らす」といった目標を達成した時に、はじめて手に入るものではありません。**それに向けて努力しようと決め、行動している「今」この瞬間にこそフルフィルメントを感じられるのです。**

ここで気をつけてほしいのは、充実感は快感と同じではないということです。

もちろん、この2つを同時に感じることもありますが、充実感は快感を伴わないことも多々あります。たとえば、人生で最も一番貧しく辛かった時代が一番充実していたという人の話を聞いたことがあるのではないでしょうか。これは、その時自分がもっとも大事なことにすべての情熱とエネルギーを注いでいた実感があったのでしょう。夢中になれた実感があったのかもしれません。でも、彼らの充実感は快感だけではなかったはずです。

このように追い風に乗って心地良い状態のフルフィルメントだけでなく、**向かい風の中、自分の信念を手放さず立ち続けるような経験も、フルフィルメントなのです。**また、フルフィルメントは時には**今までの自分の枠を打ち破るような行動を起こさせるものでもあります。**

クライアントがコーチングを受ける中で、自分の人生の目的や価値観に気づいていくと、今までの日常が同じことの繰り返しで、充実感をもたらさないことに気づくことがあります。充実した人生を生きたいと心から願った時、あたりまえの日常に決別するために、新たな一歩を踏み出すことを決意することもあります。これを「枠を打ち破る行動」といい、コーチは、クライアントが充実した人生を生きるための決意を行動に移していくのを、見守り、励まし、充実した人生を手に入れられる存在だと信じて関わるのです。

価値観とは

02

価値観とは「その人らしさ」を表すもの

価値観とは何でしょう？　「その人が大事にしていること」「譲れないもの」「優先順位を決めるもの」「行動基準となるもの」などいろいろな言い方で表現することができます。

コーアクティブ・コーチングでは**価値観とは「その人らしさ」を表すものだととらえています。**人が価値観を尊重できている時は、生き生きとしてその人らしさが際立ちます。価値観は自分にとって大事かどうかなので、それ自体に良い・悪いはなく、他者から評価判断されるものではありません。

また、私達は成長の過程で、知らないうちに周りの人達から影響を受け、「価値観」だと思い込んでいることもあります。

たとえば「礼儀」について考えてみましょう。「年配の人に敬意を表す」ことに本当に喜びを感じていれば、きっとそれはその人の価値観です。しかし、子どもの頃からそうすべきだと言われて育ち、それがあたりまえの習慣になっていたり、周りもそうするものだからやっているような行動だとしたら、それはもしかしたら価値観ではないのでは、と疑ってみる必要があります。文化や道徳なども同じようなことがあるかもしれません。

⇩自分の大事にしている価値観を知るには？

では、自分はどんな価値観を大事にしているのか、どうやって見極めていくのでしょう？　これは、**その価値観を尊重している時に、その人が「生き生きしているかどうか」**です。たとえば、先ほどの例で考えてみると、親から「礼儀」が大事だとしつけられ、自分でも尊重する価値観だと思っていたとします。でも、本人がそれを尊重している時に生き生き感を感じていないようなら、それは本人の価値観ではない可能性があるのです。

また**価値観は道徳とは違います。**道徳は、それぞれの文化が持っている行動基準です。日本なら「年配者を敬うべき」、欧米なら「レディーファースト」などが一般的ですが、これは価値観ではありません。年配者を敬うことができている時に本当に嬉しいと感じられる人にとっては、これは価値観かもしれませんが、日本人がみんなこの価値観を持っているわけではありませんね。そして、価値観はひとつではありません。人はいくつも価値観を持ち、その数や種類や組み合わせで、その人らしさが創られてくるのです。あなたはどんな価値観を持っているのでしょう？

価値観の見つけ方

03

日々の生活の中で見つける方法

では、実際にコーチはクライアントの価値観をどうやって見つけていくのでしょう。価値観はコーチングのセッションの中だけに表れるものではなく、日々の生活の中でも見つけやすいものなので、ここで紹介しておきましょう。

■人生で最も充実していた時

「これまでの人生で最も充実していたのはいつですか？」という問いから思い出すものを自由に語ってもらいます。仕事で困難を乗り越えた時のことを思い出すかもしれません。または学生時代にサッカーをやっていて、みんなで力を合わせて勝った勝利の瞬間かもしれません。その場面は、自分がもっとも充実していたと自覚している時なので、まさに価値観が尊重されていた瞬間のはずです。ここでコーチは、その充実していた時を語るクライアントが「何を大事にしていたのか？」に聞き耳を立てて聴いていきます。たとえば仕事で困難を乗り越えた場面を思い出したクライアントなら、「あきらめない」という価値観が聞こえてくるかもしれません。仲間との「信頼」があったからこそ、この状況を乗り越えられたというかもしれません。このように状況を話してもらいながら、そこでコーチが聴き取った価値観をキーワードで返していきます。これには正解はないので、コーチが直感で感じ取ったキーワードを返すことが大事です。なぜなら、たとえそれがクライアントにヒットしなくても、その場合はクライアントが「そうではなくて、○○」というように自分の言葉で表現していくからです。このように、コーチの聴き取った価値観はきっかけになるのです。

■怒り

人生で本当に腹が立ったことを思い出してもらいます。怒りにもいろいろな種類がありますが、ここでは、「大切にしていること（価値観）が踏みにじられた怒り」を聴いていきます。

たとえば、仕事のドタキャンにものすごく腹を立てたことを思い出したとします。そういう時にはその人自身は段取りを大切にしており、予定をしっかり立て実行していくことに喜びややりがいを感じているのかもしれません。同じ状況でも、「そういうこともあるよねぇ」と簡単に許せてしまう人もいます。そういう人は「段取り」は価値観ではないのでしょう。

■こだわり

これはクライアントが自分のこだわりを自覚している場合、その行為や信条から価値観を聴いていきます。たとえば、「ジャンクフードは食べないことにしている」とか、「朝食は野菜ジュースに決めている」など食事に対するこだわりがある人は多いですね。そういう時、行為としては同じことをしていても、価値観は「健康」や「美しい身体」、「体調がいいこと」など人によって違ってきます。ここをコーチはその人のこだわりの元をたどりながら響いているかどうかを聴いていきます。

■あたりまえ

これはこだわりとは逆で、クライアント自身は自覚がない、もしくはあたりまえで価値観というほどのものではないと思っているものから、大事にしているものがないかを聴いていくものです。

たとえば、あなたのまわりに「大丈夫だよぉ」というのが口癖の人はいませんか。こういう人は大概大らかで楽観的な性格であり、同時にいつもそういう価値観を尊重しているということなのです。

⇩価値観を掘り下げる

さて、これらの切り口からいくつもの価値観を発見したら、さらにその人らしさを深める言葉にしていきましょう。まず、深めてみたい価値観を選びます。そして、ひとつずつ、その価値観を他の言葉で表現していきます。

「自由」を例にあげてみると、ある人にとって自由は、「自由／大空／縛りのない／ゆったり」で表され、他の人にとっての自由は、「自由／挑戦／開拓」と表現されたりします。同じ「自由」という価値観でも、その人によってその言葉に抱いているイメージや質感は異なります。コーチはクライアントがイメージしている価値観が十分に表現できるように聴き、キーワードを拾っていきます。そうすることによって、「自由」というひと言の価値観がそのクライアントならではのユニークな価値観として実感されていくのです。

04 サボタージュ

サボタージュにも役割がある

人が自分の価値観に気づき、充実した人生を歩むために行動を起こそうとする時に、しばしば聞こえてくる声があります。「本当にできるの？」「家族がいるから、そのリスクは大きすぎるよ」「失敗したら周りから笑われるよ」など、実際に行動に踏み出そうとすると、それを押しとどめるような声が自分の内側で聞こえてきます。みなさんにも思いあたることがあるのではないでしょうか？

コーアクティブ・コーチングでは、こういう声の主をサボタージュと呼んでいます。**サボタージュとは、現状維持を目的として存在し、あなたの身を守るという役割を持っています。**あなたのことを大事に思う存在で、あなたが無謀なことをしないよう常にそばにいて言動を見張っています。そして、何か新しいことや、思い切った行動をしようとすると、「やめておいた方がいいよ」とリスクをとらないようにささやくのです。サボタージュは決して悪者ではありません。今こうして無事にいられるということも、実はこのサボタージュのおかげかもしれません。

人が何か大きな決断をしようとした時には、必ずといっていいほどこのサボタージュが現れます。「やめておいた方がいいよ」「今のままで充分じゃない？」と変化を止めようとささやきます。

クライアントからこんな声が聞こえてきたら、コーチは、それを言っているクライアントが生き生きとしているかどうかに意識を向けます。 価値観を尊重している時のクライアントの声は生き生きとして響いています。でも、このサボタージュの声の時には響きが止まり、なんともいえない停滞した空気が漂います。コーチはここを聴き分け、区別していきます。クライアント自身は、ほとんどの場合サボタージュの声だということを自覚していません。それをコーチが区別してクライアントに伝えることで、クライアントは価値観からの声か、サボタージュの声かに気づき、どちらを選択するのかを決めるのです。

05 人生の目的

人はそれぞれ固有の「人生の目的」を持って生まれてきている

コーアクティブ・コーチングでは、**人はそれぞれ固有の「人生の目的」を持って生まれてきている**と信じています。「自分は何のために生まれてきたのか」この問いは漠として大きすぎますが、人は頭できちんと理解していなくても、魂はそれを知っています。その証拠にそれが体現できている時には、その人らしい音色を響かせて生き生きとしているからです。逆にいくら「こうすべき」と思ったことをやっていても、苦しそうだったり、生き生きしていない時には人生の目的とは逸れていることをしているのです。人生の目的は「自分は何のために生まれてきたのか」をもう少し噛み砕いて、「自分はまわりにどんな影響を与えていきたいのか」「どんな存在でありたいのか」を表現したものです。本当の人生の目的はひと言で表現できるものではないかもしれません。ただ、それを**自覚する仕組みとして、「人生の目的の宣言文」として言葉にしておくことで、「自分は何のために生まれてきたか」ということを意識しやすくなるのです。**

具体的には「私は○○する××です」という言葉で表現します。たとえば「私はすべての人々を暖かく照らす太陽です」とか、「私は真実を明らかにする水晶です」のように表します。前半の「○○する」はまわりに与える影響・インパクトであり、後半の「××です」は、どんな存在なのかを比喩やシンボルで表現します。

コーチングでは、この人生の目的をクライアントが持ち、意識を向けることで、日々の小さな選択の際にも、ありたい自分、ありたい人生に向かう決断ができるのです。そのひとつひとつは小さくても、1年2年と続くうちにクライアントの人生には大きな変化となって表れます。

【著者プロフィール】

CTIジャパン

世界有数のコーチ養成機関であるCTIとの提携の下、2000年５月より同社のコーチング・プログラムを日本にて提供している。CTIの最大の特徴である卓越した体験学習の場を提供することを通じて、個人や組織に本質的な変化を呼び起こしてきた結果、2013年末現在6500人を超える受講生がコーアクティブ・コーチングのコースを体験している。
また、企業やその他の組織に対してコーアクティブの考え方や手法を広げるためのプログラムも積極的に提供しているほか、世の中に望ましい変化を創り出すリーダーを育成するためのコーアクティブ・リーダーシップ・プログラムも提供している。

http://www.thecoaches.co.jp/

執筆　CTIジャパンリーダー　平田淳二／植田裕子
監修　CTIジャパンリーダー　山田博

編集協力／(株)アクア
カバーイラスト・作画／重松延寿

マンガでやさしくわかるコーチング

2014年3月30日　初版第1刷発行
2023年4月15日　　第23刷発行

著　者 —— CTIジャパン
©2014　CTI Japan
発行者 —— 張 士洛
発行所 —— 日本能率協会マネジメントセンター
〒103-6009　東京都中央区日本橋2-7-1　東京日本橋タワー
TEL　03(6362)4339(編集)／03(6362)4558(販売)
FAX　03(3272)8127(販売・編集)
https：//www.jmam.co.jp/

装丁／本文デザイン —— ホリウチミホ（ニクスインク）
本文DTP —————— 株式会社明昌堂
印刷所 —————— 広研印刷株式会社
製本所 —————— ナショナル製本協同組合

本書の内容の一部または全部を無断で複写複製（コピー）することは、法律で認められた場合を除き、著作者および出版者の権利の侵害となりますので、あらかじめ小社あて許諾を求めてください。

ISBN 978-4-8207-1898-7　C2034
落丁・乱丁はおとりかえします。
PRINTED IN JAPAN

JMAM 既刊図書

改訂3版
メンタルヘルス・マネジメント®検定試験Ⅲ種（セルフケアコース）重要ポイント&問題集

見波利幸、佐藤一幸　著

●A5判　160頁

Ⅲ種（セルフケア）試験は、一般社員を対象に、組織で働く従業員自らのメンタルヘルス対策の推進をするものです。本書は、試験の出題傾向を分析し、重要事項を項目ごとに整理・解説し、過去問題による演習問題・本試験を想定した精度の高い模擬問題を収録した、受験者必携の教材です。2021年7月に発刊された『公式テキスト第5版』に完全対応しています。

改訂4版
メンタルヘルス・マネジメント®検定試験Ⅱ種（ラインケアコース）重要ポイント&問題集

見波利幸、大濱弥太郎　著

●A5判　224頁

Ⅱ種（ラインケア）試験は、管理監督者を対象に、自分と部下のメンタルヘルス・マネジメントのため知識習得と対策推進をサポートするものです。本書は、試験の出題傾向を分析し、重要事項を項目ごとに整理・解説し、過去問題による演習問題・本試験を想定した精度の高い模擬問題を収録した、受験者必携の教材です。2021年6月に発刊された『公式テキスト第5版』に完全対応しています。

日本能率協会マネジメントセンター

JMAM 既刊図書

レジリエンスで心が折れない自分になる

久世 浩司　監修

現代社会では多くの人が日々ストレスやプレッシャーと戦っています。近年注目を集めている「レジリエンス」という概念を知ることによって、ストレスへの耐性やいかなる困難にも柔軟に対応できる心を持つことができます。そうした健全な心は、みなさんがこれからの人生を過ごしていく中で大切な財産となり、新しいことに挑戦する際にも、成功への近道となることでしょう。

●四六判　192頁

NLPで最高の能力が目覚める コーチングハンドブック

山崎 啓支　著

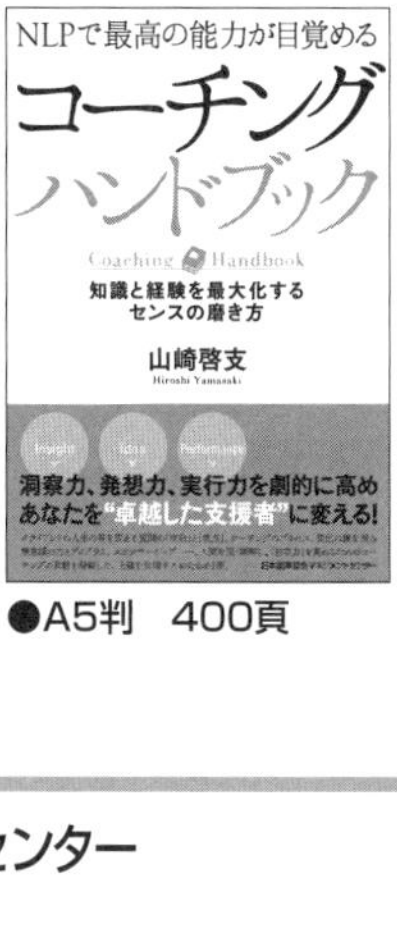

コーチングやカウンセリング、セラピーにおいて、卓越した支援者になるためには「知識」「経験」に加えて「センス」が必要です。本書は、たくさんのプロコーチを受講生として抱える著者が抽出した、結果を出す"できる"コーチ（卓越した支援者）の共通する特徴（資質）をもとに、その高め方と真髄をまとめた1冊です。NLPの理論や基本の方法を織り交ぜながら、センスの磨き方から具体的に実践できるスキルまでをじっくり紹介します。

●A5判　400頁

日本能率協会マネジメントセンター

JMAM 既刊図書

マンガでやさしくわかるNLP

山崎啓支　著／サノマリナ　作画

能力開発の実践手法・NLP（神経言語プログラミング）。その基本を、マンガを交えてわかりやすく紹介します。コーヒーチェーンの新米店長を主人公に、NLPでさまざまな課題を克服して、理想的な“自分”を手に入れるまでを描きます。ストーリー部分でざっくり理解し、解説部分で、プログラムの仕組み、修正方法など、基本知識から基礎的な実践手法をしっかり学ぶことができます。

●四六判　240頁

マンガでやさしくわかるNLPコミュニケーション

山崎 啓支　著／サノマリナ　作画

能力開発の実践手法・NLPを使ってコミュニケーションのさまざまな問題を解決する方法を、マンガを交えてわかりやすく紹介。主人公は実家を継いでスーパーの社長に就任した日吉杏里。職場のミスコミュニケーションの改善をテーマにテンポよくストーリーが展開します。マンガでイメージして楽しみながら、解説部分でじっくり手法を学べます。『マンガでやさしくわかるNLP』の第2弾。

●四六判　256頁

日本能率協会マネジメントセンター